齐文化口袋书

古为今用齐国说

齐文化研究院　编

中国海洋大学出版社
CHINA OCEAN UNIVERSITY PRESS
·青岛·

图书在版编目（CIP）数据

古为今用齐国说 / 齐文化研究院编 .—青岛：中国海洋大学出版社，2021.4
ISBN 978-7-5670-2697-1

Ⅰ . ①古… Ⅱ . ①齐… Ⅲ . ①齐文化—通俗读物
Ⅳ . ① K871.3-49

中国版本图书馆 CIP 数据核字（2020）第 257973 号

Gǔwéi jīnyòng Qíguó Shuō
古为今用齐国说

出版发行	中国海洋大学出版社		
社　　址	青岛市香港东路 23 号	邮政编码	266071
出版人	杨立敏		
网　　址	http://pub.ouc.edu.cn		
电子信箱	flyleap@126.com		
订购电话	0532-82032573（传真）		
责任编辑	张跃飞	电　话	0532-85901984
印　　制	潍坊印之源文化发展有限公司		
版　　次	2021 年 5 月第 1 版		
印　　次	2021 年 5 月第 1 次印刷		
成品尺寸	105 mm×145 mm		
印　　张	2.75		
字　　数	70 千		
印　　数	1~1 000		
定　　价	26.00 元		

发现印装质量问题，请致电 0533-6207978，由印刷厂负责调换。

齐语漫风润物生

优秀传统文化是一个民族的根，今人不可能也不会忘记优秀传统文化。因为每一代人、每一个人早已植入了传统文化基因的种子。这些种子遇到适合的环境就会生根发芽，蓬勃地成长起来。

文化基因的种子并不会主动发芽、蓬勃地成长，或许在休眠呢！而真正让这些种子发扬光大起来，就需要我们去营造出适合其生长的良好环境，让这些种子发好芽、开好花、结好果。

这些年，区域文化的研究方兴未艾、成果累累，对于推动优秀传统文化的普及和运用起到了很好的作用。齐文化的研究何尝不是如此呢？淄博市政府机关和有关院校，成立了齐文化研究机构。研讨会、论坛此起彼伏，相关比赛、演出潮落潮起，齐文化研究的热浪滚滚而来，很多人都感受到了这扑面的热风。

齐文化研究院汇聚了一帮优秀的中青年研究专家，他们的多项研究成果，已经得到了国内外学人的瞩目。摆在我们眼前的这本《古为今用齐国说》就是他们勤劳汗水浇灌下的又一重要成果。

把想法变成文字，把文字变成一本书，是不容易的。要看前后左右，还要看历史古今，历史和现实性相统一的方法是一把钥匙。现实的人肯定会带着现今的眼光看问题，而历史的现实却不等于今天的现实。比如，春秋时期的兼并和战国时期的兼并并不相同，两者的目标和手段是不一样的；再比如，发生在商至西周时期的战争、春秋时期的战争和战国以后的战争，其内容、手段、目的也有很大不同；等等。我们用现在的眼光去阐释历史事件以及人物的时候，就要坚持历史和现实相统一的方法，既要尊重历史，又要善于发现其新的意义。从这个角度看，这本书无疑是做得比较好的。

现在，文艺界有种现象，这就是专业内和专业外的分离趋势在加大，专业圈子和业余圈子的交集在缩小。专业自以为阳春白雪，却走不到乡下、车间和地头。专业圈子热火朝天，业余圈子冷冷清清。传统文化的研究是否也有这种倾向呢？回答是肯定的。书斋内脑热脸红，田野间充耳不闻；讲坛内高谈阔论，讲坛外鸦雀无声。

怎样把优秀传统文化发扬光大，让大家都听到、看到，并且愿意听到、看到，让传统文化能更好地被吸收，让文化基因里那些沉睡的种子不断被唤醒，是我们应该重视的问题。

这就说到了这本书的另一个特色。书里不光讲故事、说理念、说规则，还用漫画形式向大家讲述。一个人在一天中，在一个时点上，有没有收获，就是看在这个时点上，有没有获得新的知识、新的信息量。假若一本书，在不经意间，让人有不少新的收获，谁还会怀疑其价值呢？

自然遗传和文化遗传有很大的不同，那些理念、规则、技术、行为等等的文化内容，要变为人的性状不断地传下来，要比人的自然性状的遗传缓慢得多。当然，两者的遗传也是相辅相成的。人之所以为人，是文化进化遗传的结果。

现在，我们所做的许多工作，就是经过不断努力，使我们传下来的物质文化的基因种子蓬勃生长，为社会创造更多的物质财富；让精神文化的基因种子不断地发芽成长，让我们的精神世界更加优秀、健康和文明。我从这本书中已经体会到，这本书的编撰者们之所以孜孜以求，就是在为这些不断努力着、奋斗着。这足以让人对他们的付出表现出应有的敬意。

优秀传统文化是会不断延续、弘扬、光大下去的。本书作者们的智慧和热情，终会让我们收获不断的惊喜。

张洪兴

2020 年 6 月 28 日

目　录

军事篇

文化篇

女性篇

政治篇

胸怀决定格局
一箭之仇

　　蓝蓝的天上白云飘，白云下面马车跑。莒国边境，通往齐国都城临淄的官道中，几辆四驾马车正载着齐国公子小白一行人向临淄疾驰。小白知道这场比赛他输不起：赢了，他就能成为齐国的主人；输了，等待他的将是流放甚至死亡。与他竞争齐国君位的是他的哥哥公子纠。此时，公子纠也在鲁国军队的护送下向临淄随风奔跑，不过他的路程要比小白远很多。现在小白马上就要进入齐国境内了，如果不出意外，他将比公子纠先返回临淄。

"可千万别出什么意外啊！"小白喃喃自语着。令他产生这种不安的是公子纠的头号辅臣管仲。本来在小白眼中，自己的师傅兼头号辅臣鲍叔牙已经是百年难得一见的大贤了，他对鲍叔牙的景仰之情犹如滔滔江水，连绵不绝。但鲍叔牙却总说自己的才能比不上管仲，因此每想到自己有管仲这样神一般的对手，小白的内心总是瑟瑟发抖。

不过人生就是这样，有时你越怕什么就越来什么。随着几声嘶鸣，小白的马车被拦住了去路。带头拦路的不是别人，正是管仲。但他从马车上下来，器宇轩昂地走到小白面前，说了一句："自古长幼有序，请公子原路返回"，便头也不回地转身离去，只留下一脸茫然的小白在风中凌乱。"小心冷箭！"陷入沉思中的小白突然听到了鲍叔牙声嘶力竭的警告，只见眼前一只利箭破空而来。这一箭刁钻而狠毒，根本没有让人躲闪的时间。当时这支箭离小白的心脏只有"零点零一公分"，但是四分之一秒之后，这支箭的主人会彻底认为小白已经死了，因为小白决定演一场戏。虽然小白一生演过无数场戏，但是这一场无疑是最完美的,只见小白中箭,倒在车中。管仲见小白已"死",便一溜烟儿跑得无影无踪,只剩下鲍叔牙一行人欲哭无泪。

管仲走后,小白起身做了一个深呼吸,朝鲍叔牙做了个鬼脸:"师傅,咱们快走,去临淄。"原来那支箭只射中了小白的衣带钩。另一边,公子纠得知小白已死,便放松了警惕,一路不紧不慢地向临淄行进。六天之后,公子纠与鲁国军队终于进入齐国境内。不过迎接他们的不是鲜花和掌声,而是齐国军队。原来小白已经提前返回临淄继承了齐国国君之位,他就是历史上的齐桓公。结果鲁军大败,不得已按照齐桓公的要求杀死了公子纠,并把管仲交给齐国处置。在鲍叔牙的强烈推荐下,齐桓公决定用管仲为国相。

"箭法不赖嘛,我现在还心惊肉跳的。"齐桓公笑着把请罪的管仲扶起,正色道:"过去的事儿就不用提了,你来做我的国相吧!"这一天,齐桓公任命管仲为相,并尊称他为"仲父"。后来,在管仲的辅佐下,齐桓公果然成就了霸业,成为"春秋五霸"之首。

(以上故事出自《史记·齐太公世家》)

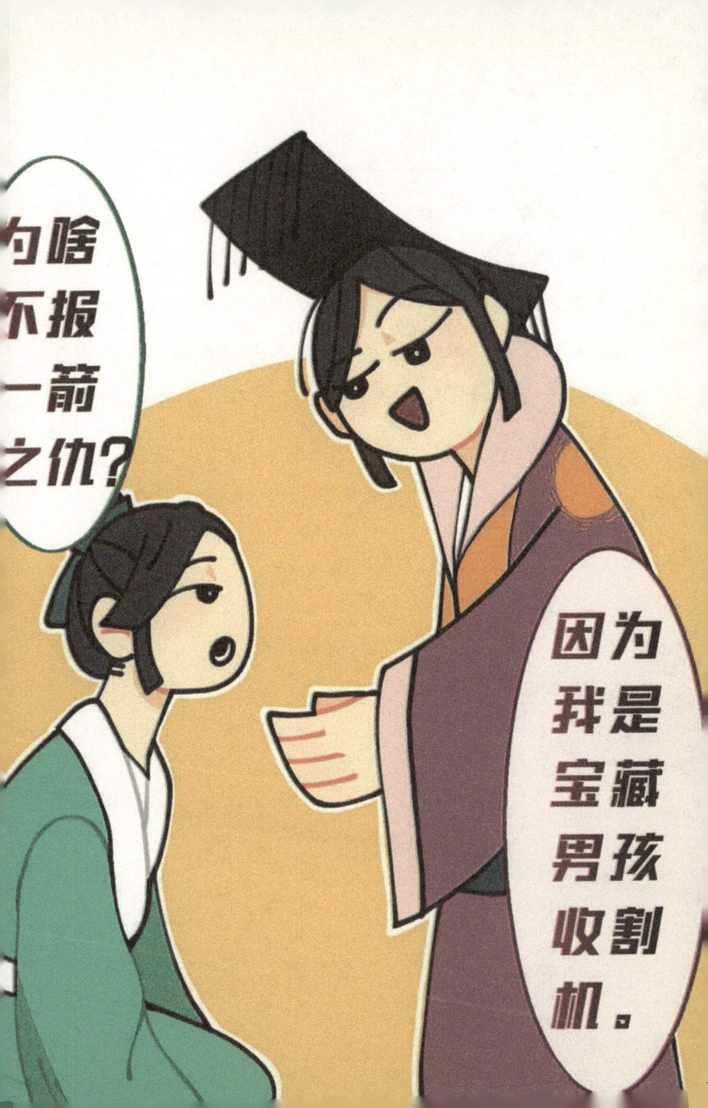
为啥不报一箭之仇？
因为我是宝藏男孩收割机。

面对险些一箭射杀自己的管仲，齐桓公不但不念旧恶，还放心大胆地把齐国的军政大权都交给他。这种非凡的胸怀和用人不疑的胆识，为管仲提供了施展才华的空间，更彰显了齐桓公本人的大格局，成就了一段千古佳话。所以说，要想成大事，就要有大胸怀、大格局，要有容人之量。

中国最早的社会福利思想

以人为本

　　齐桓公一直想搞点大事情——成为华夏联盟里的"最有价值诸侯"，就问管仲第一步棋该怎么走。管仲说："从爱护老百姓开始，霸业以老百姓为根本。""为什么呢？直接出兵，谁不服打谁多痛快？"桓公不解地问。管仲反问："兵是哪儿来的？"桓公不假思索地答道："从老百姓里征发的。"管仲又问："老百姓饿着肚子能打仗吗？老百姓恨你恨得牙根痒痒，能替你打仗吗？"桓公恍然大悟："是啊，要想马儿跑，就得给马儿吃草，还得让马儿听你的话、念你的好。仲父我明白了。我得……我得……"桓公想要继续说点什么，可脑子里一团糨糊。他说："嘿嘿，仲父，我得听您继续给我讲讲怎么让马儿心甘情愿地替我跑。"

管仲露出了"孺子可教"的微笑，说道："其实也简单，你发布政令的时候，只要顺他们的心就行了。老百姓的要求不高，你只要能让他们有饭吃、有衣穿、有房子住，能结婚生子，摆脱贫困、低贱、终日劳累的状态，他们就会心甘情愿地为你卖命。"

"仲父，那具体要怎么做呢？"管仲回答说："照顾好鳏寡孤独、老弱病残这些弱势群体：敬爱老者，慈爱幼者，怜恤孤儿，供养残疾人，给鳏夫和寡妇成家立业，慰问病人，及时把深陷绝境的家庭和人的情况通报给官府，灾年要赈济灾民，烈士没有后代的要使他们的亲朋好友从国家领钱来祭祀他们。做好这九项惠政，老百姓就会念你的好，肯为你卖命了。"

桓公连连点头："仲父，这回我是真明白了，老百姓就是我的本钱啊！我干啥都得靠他们支持，我得好好照顾他们。"一脸坚毅之色的桓公举目望天，握

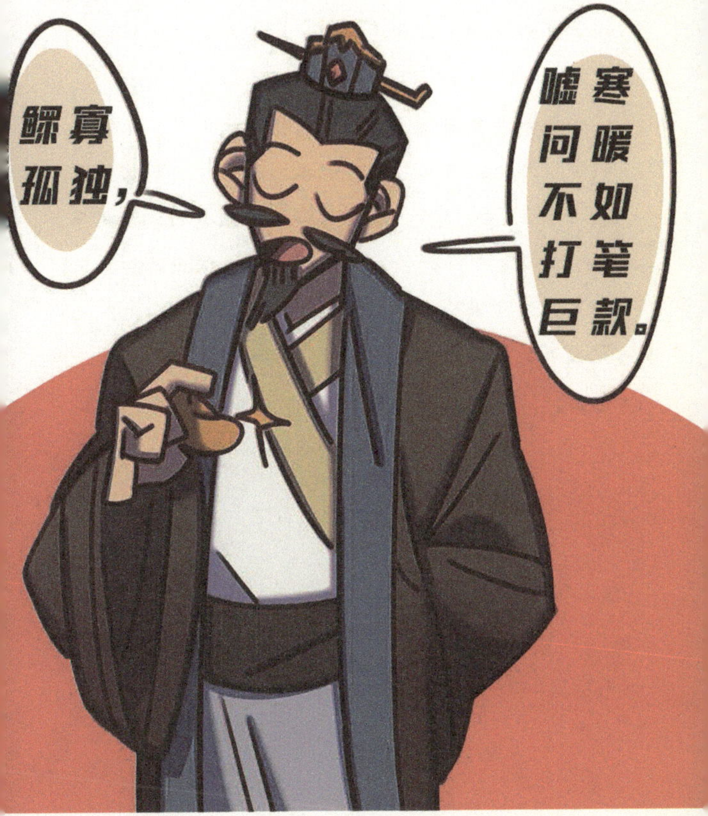

鳏寡孤独，
嘘寒问暖不如打笔巨款。

紧了拳头。

（以上故事出自《管子·入国》）

————————●●————————

　　以人为本是中国古代的优秀施政理念，也是当代科学发展观的核心。坚持以人为本，就是要以实现人的全面发展为目标，从人民群众的根本利益出发谋发展、促发展，不断满足人民群众日益增长的物质文化需要，切实保障人民群众的经济、政治和文化权益，让发展的成果惠及全体人民。两千多年前的齐桓公与管仲提出的"九惠之教"无疑为我们树立了榜样。

————————●●————————

中国教育事业的思想奠基
十年树木　百年树人

　　这天，齐桓公与管仲又开始了探讨治国理政的日常。

　　齐桓公问："仲父，你说咱齐国今年应该重点搞点什么产业？"

　　管仲回答："那要看你的眼光的长短了。你要是只看今年的话，把谷物种好就行了。"

　　齐桓公又问："我要是看十年呢？"

　　管仲回答："除了把谷物种好，还要好好种植果木。"

　　齐桓公再问："那我要是想搞个终身计划呢？"

管仲回答："除了种谷物和果木，最重要的是要种人！"

齐桓公心想："仲父不会是脑子坏掉了吧？人也能种？把人埋到土里？植物人？"

管仲说道："种人不是真把人给种到土里，是好好发展教育事业，培养人才。我说种人只是类比。"

齐桓公恍然大悟，嘿嘿一笑，说："原来是这样啊，您早这么说我不就明白了嘛……哎，仲父，为啥要把育人跟种谷种树类比？有啥可比性啊？"

管仲问："我问你，谷物种一次能收几次？"

齐桓公说："一次。"

管仲又问："果木种一次能收几次？"

齐桓公说："差不多十次吧。"

管仲再问："可是培养出一个人才，他能为齐国贡献多大的力量呢？"

齐桓公恍然大悟，道："仲父，我明白了。人才可以为齐国效力一辈子啊！人才大计，不容忽视！今后一定要认真培养人才！"

（以上故事出自《管子·权修》）

管仲曾经曰过："一年之计，莫如树谷；十年之计，莫如树木；终身之计，莫如树人。"可见，小到家庭，大到国家，要想走得长远，没有什么比培养人才更划算的了，教育是强国之本。

谁是管仲的接班人
病榻论相

　　自从当上齐国国相后，管仲就为齐桓公的霸业操心到稀碎，用几十年的时间帮齐桓公成为诸侯里的"扛把子"。然而，岁月不饶人，管仲终于病倒了！

　　"仲父！您万一真不行了，谁能接替您当寡人的国相啊？"病榻前，齐桓公过于耿直的问候让管仲有些凌乱。"没有比老板更了解员工的，您先说说您的看法吧。"管仲回答说。

　　齐桓公说："易牙？有一次我开玩笑说就差没吃过人肉了，易牙第二天就把自己的儿子杀了给我做肉羹吃。他对我可真忠心啊！"
管仲眉头一皱，说："不行！杀儿子给你吃不是人之
常情。"

齐桓公又说："开方？开方是卫国国君的儿子，
但十五年来一直在我身边侍奉我，连父亲去世也不
回国奔丧。他对我可真忠心啊！"管仲依旧眉头一
皱说："不行！背井离乡、抛弃亲人来跟您混不是
人之常情。"

"竖刁？竖刁为了进宫做我的内侍，不惜把自己
阉割，他对寡人的忠心天地可鉴啊！"齐桓公再次说
道。管仲还是眉头一皱，说："不行！阉割自己来伺
候您，更不是人之常情。这仁都不是好东西，让他们
离您远点儿"。

"鲍叔牙总行了吧？"齐桓公见管仲把自己宠幸
的三个马屁精都否定了，以为他想举荐他的好基友鲍
叔牙。没想到管仲还是皱着眉头，说："不行！鲍叔
牙不够包容，疾恶如仇，见到别人的恶行和过犯就念
念不忘，眼里揉不进沙子。"

齐桓公都快哭了，说："马屁精也不行，专治马

屁精的也不行，那到底谁行啊？"

管仲缓缓说道："鲍叔牙很正直，但不能为了国家牺牲他的正直；宾胥无很善良，但不能为国家牺牲他的善良；宁戚很能干，但不能适可而止；曹孙宿能说会道，但不能取信之后就及时沉默。"

齐桓公十分无奈，沉默良久。

管仲继续说道："隰（xī）朋有大智慧，凡事不较真儿。他做事既有原则，也会变通。治国治家懂得抓大放小，既不会亏负国家，也不会亏待自己。能接替我的就只有他了。"

不久，管仲去世，齐桓公听从管仲的建议，把易牙、开方、竖刁三个马屁精炒了鱿鱼，并任命隰朋为齐国国相。可惜十个月之后，隰朋也死了。没有易牙、开方、竖刁在身边吹彩虹屁，齐桓公感觉自己整个人都不好了。所以他没忍住，又把这三个人召回来，并任命他们为高管。一年之后，易牙、竖刁趁齐桓公重病之机，活活把齐桓公饿死在宫墙之内。齐桓公的五个儿子争夺齐国政权，齐国大乱。

（以上故事出自《管子·戒》）

政府也好，企业也好，应该任用什么样的人当高管呢？没有原则，只会拍马屁的人不适合；太有原则，凡事不会灵活变通的人也不适合；只有站在大局之上，能看清自己和别人的优劣长短，能取长补短把大伙儿拢到一块儿干实事儿的人才适合。

中国廉政第一人

晏　婴

　　对齐景公而言，相国晏婴就是他夜空中最亮的星。每当他找不到存在的意义，每当他迷失在黑夜里，晏婴就会指引他前行。所以，齐景公一有机会就想方设法地去赏赐他，以示恩宠。不过令他无奈的是，晏婴每次都婉言拒绝。晏婴已经无数次地拒绝了他赏赐的食邑、豪宅、豪车、美女、黄金，不过齐景公始终没有放弃，他觉得晏婴忧国忧民、劳苦功高，自己一定要为他做点什么，心里才能平衡一些。

　　这一天，齐景公决定把平阴和棠邑赏

赐给晏婴。这两个城邑中共有十一个社是专门做买卖的,富得流油。齐景公这个赏赐可谓下了血本,诚意满满。"国相,这些年你辅佐寡人劳苦功高,寡人现在把平阴和棠邑两地封给你做食邑,希望国相不要再推辞了。"齐景公发自肺腑地对晏婴说。

看着眼前这位被自己"怼"了多年却始终能虚心纳谏的国君,晏婴心里颇觉欣慰。他知道齐景公有仁爱之心,也很有上进心,但就是自制力太差。所以这些年,他在匡正景公言行方面总是不留余力,有时话难免说得重一些。好在齐景公能够明辨是非,知道自己是为他好,反而更加倚重自己,这从齐景公一次次地赏赐自己就能看出。但晏婴知道,自己确实不能接受任何赏赐,因为他一旦接受赏赐,就表示他也要开始享受了。齐景公自制力差,喜欢享受,晏婴只有在不贪图享受的前提下才有可能用正道来规劝他。如果连自己也贪图享乐,那齐国就再没有人能够规劝齐景公了,那么齐国就会败亡。

想到这些,晏婴狠了狠心,开始了他"怒怼"齐景公的日常:"抱歉,您的赏赐我还是不能接受。国

君您喜欢修建宫室，搜集奇珍异宝，又喜欢发动战争，百姓的徭役、赋税负担很沉重，财产和生命安全都得不到保障，说民不聊生也不算过分。百姓现在已经十分痛恨咱们这些上层统治者了，我实在是不敢接受您的赏赐。"

齐景公点头说道："确实是这样。不过，世人都渴望荣华富贵，为什么您偏偏不想要荣华富贵呢？"

晏婴回答说："我听说，做臣子的，要先考虑国君后考虑自己；国家安定了，再考虑自己的家室；尊奉国君，而后安处自己。怎么能说唯独我不想要荣华富贵呢？"

"既然如此，我应该拿什么来赏赐您呢？"景公不解地问道。

晏婴回答说："您让鱼、盐进入市场自由贸易，在关卡只检查不征税；耕地种粮食的只征收他们十分之一的税；放宽刑罚，犯死罪的改为受刑，当受刑的改为处罚，当处罚就赦免。我说的这三条如果实行，就是我的俸禄，也是国君您的好处了。"

齐景公心中对晏婴更加敬重，并很快将晏婴的三条建议付诸实践，成功化解了齐国的统治危机，并为齐国树立了良好的国家形象。

（以上故事出自《晏子春秋·内篇杂下》）

———◆●◆———

这只是晏婴众多廉政故事中的一个。晏婴是廉政思想的最早阐释者和践行者，堪称中国廉政思想第一人。对晏婴来说，百姓富足、国家安定就是他的"荣华"，就是他的"富贵"，就是他人生的终极目标。因此，他才能有如此高洁的官德和品行，成为后世文人士大夫的精神偶像。所以说，格局决定成就，树立高尚的人生目标与远大理想自然能做到清廉从政。

———◆●◆———

中国最早的法治思想
以法治国

一天深夜，一位年轻美貌的小姐姐敲响了齐相晏婴家的门，痛哭流涕，不肯离去，只说请晏婴为其做主。晏婴心想："此事必有蹊跷，说不定有冤情。"于是就接见了她。女子一把鼻涕一把泪地讲述了她父亲的遭遇。原来齐景公很喜欢一株槐树，就在槐树上挂了个木牌："冒犯槐树的人受刑，损伤槐树的人处死。"小姐姐的父亲不知道有这个禁令，喝醉酒之后无意冒犯了这株槐树，被抓起来了，马上要被判罪。"太不像话了，我会替你向君上进言劝谏的。"晏婴派人把小姐姐送回了她家。

第二天早朝，齐景公恰好说到这件事："先君桓公以法治国是极好的，有法就不乱。不过昨天晚上有个刁民却故意违反我的法令，亵渎了我的槐树，我已经把他关起来了，现在要治他的罪。国相，你说该治他个什么罪？"晏婴出列回答说："您想效仿桓公以法治国也是极好的。不过给一株槐树立法，叫百姓像尊敬国君一样去尊敬槐树，不能冒犯、不能损伤，一有冒犯或损伤就要受刑甚至处死，这明显是把您个人的喜好建立在百姓的不便之上，而且刑罚太过。"

"可是，管子曾经曰过：'国家不能有两个权威，政令不能有两个源头，要用法律治国。'我要是饶了他，法律的权威就没有了。"齐景公辩说。晏婴说："百姓心里有杆秤。法律为了他们好，他们就愿意遵守，犯了法也愿意认罪受罚，法律就有权威。您这项法令是为了他们好吗？"齐景公细细想了想："相国您说的不错，寡人这项法令还真不是为了百姓好。这样吧，我马上废除它，把那人放了。"

晏婴露出了欣慰的笑容。

（以上故事出自《晏子春秋·内篇谏下》《管子·明法》）

———————●———————

"以法治国"是管仲最早提出的。意思是要把法律作为治理国家的最高权威，包括君主在内的所有人都要遵守。《管子》中也说"法"不是根据君主的个人意愿制定的，必须以"德"为内涵。"道德是法律的基础，法律是道德的保障。"原来中学政治课本里的观点，早在两千五百多年前的齐国就出现了。

———————●———————

大国外交

晏子使楚

年轻时的齐景公是位有志君主，自打一登上君位，就很想励精图治，带领齐国重回巅峰。可这位君主毕竟太年轻，经常讲话口无遮拦，不经过大脑。这不，在上月与晋国的会晤中，脑子一热便喊出了"与君代兴"的狂言妄语，当着晋国大臣的面就大声宣布，要取代晋国成为新的霸主。惹得晋国大臣纷纷掀了桌子，叫嚷着要来收拾他，引发了齐国新一轮的公关危机。

为了解决眼前危机，齐景公决定派晏婴出使楚国，与楚修好，共抗晋国。

　　作为齐国的首席外交官，不日晏婴便踏上了南下的路。没过多久，楚国君臣便收到了晏婴使楚的消息。楚灵王就想试探一番齐国的底线，顺带也逼一逼地头蛇的威风。他们不知道打哪儿听说了晏婴是个小矮个儿，就想了一损招，在城门旁边开了一个五尺（约1米）来高的窟窿，想让他从这个窟窿钻进去。

　　等晏婴风尘仆仆赶到楚国，等待他的便是眼前这个狗洞。他思索片刻，便发动了他疾风骤雨般的辩论能力：“这是狗洞，不是城门。要是我出使狗国，那我就得钻狗洞。可我出使的是楚国，那我不应当从这里进去。”楚灵王听说后，只好灰溜溜地吩咐守卫大开城门，把晏婴迎接进来。

　　等到楚灵王见到晏婴后，见他身材矮小，相貌平平，便成心问道：“难道齐国没有人了吗？”

　　晏婴深吸一口气，回答道：“这您就有点孤陋寡闻了。临淄作为大都市天下闻名。大街上的人随便把袖子一举，就能够连成一片云；随便甩一把汗，就能够下一阵雨；走路的人肩膀擦着肩膀，脚尖碰着脚跟。”

　　楚灵王一听，更加疑惑地问道：“既然你们齐国那么多人，怎么就派你来了撒？"

晏婴不卑不亢回道："敝国虽爱逐利，却也遵守规矩：访问上等国，就派精英；去访问下等国，就派小鱼、小虾去。我混得最差，就被派到这儿了。"

其实晏子来之前，楚王早就想好了要给他出几道难题。他对侍臣说："听说晏婴是个才思敏捷的人，嘴皮子也很溜，等我见到他以后，我要想个办法羞辱他一下咧。"侍臣说："大王我有个好主意。等晏婴来了，我们就绑一个人从您面前走过。大王就问：'这人是哪里来的？'我们就说：'是齐国人。'大王再问：'犯了啥子罪？'我们就回答：'犯了偷窃的罪'。"楚王满意地捋了捋胡须："要得，要得……"

所以到了吃饭的时候，楚灵王悄悄使了个眼色，武士们便拉着一个囚犯从堂下过去。楚灵王问故意问道："这是哪来的小贼？"

武士大声答道："是个盗匪，齐国人！"

楚灵王立马笑嘻嘻地挤对晏婴："哟，还是你老乡呢！咋这么没出息撒？可丢你们齐国人的脸了！"在场的楚国大臣们也跟着笑，以为这次肯定要扳回一城了。

晏婴是谁，什么段位的没见过。他面不改色，正经八百回答道："大王没听说过吗，淮南的柑橘，皮薄肉厚汁水甜；可同一品种，一种到淮北，就变成了又小又苦的枳。原因还在于这个水土。同理可证，齐国人在齐国能安居乐业，发家致富奔小康；一到了楚国，就当上土匪了，兴许是楚地的水土有问题。建议您多读点书，努力改善当地水土才是正道！"

楚灵王终于哑口无言，笑道："大夫是圣人般的人物，我不应与您开玩笑的。是我不好，请您莫要见怪。"楚国的大臣们都觉得他是个值得敬佩的人，大家对他不由得尊敬起来。

（以上故事出自出于《晏子春秋·杂下》）

━━━●●●━━━

外交无小事，尤其在牵涉到国格的时候，更是丝毫不可侵犯。晏子以"针尖对麦芒"的方式，维持了国格，也维护了个人尊严，完美地完成了出使的任务。此外，要想得到别人的尊重，首先要尊重别人。而自身要有真才实干，才能赢得别人的尊重。

━━━●●●━━━

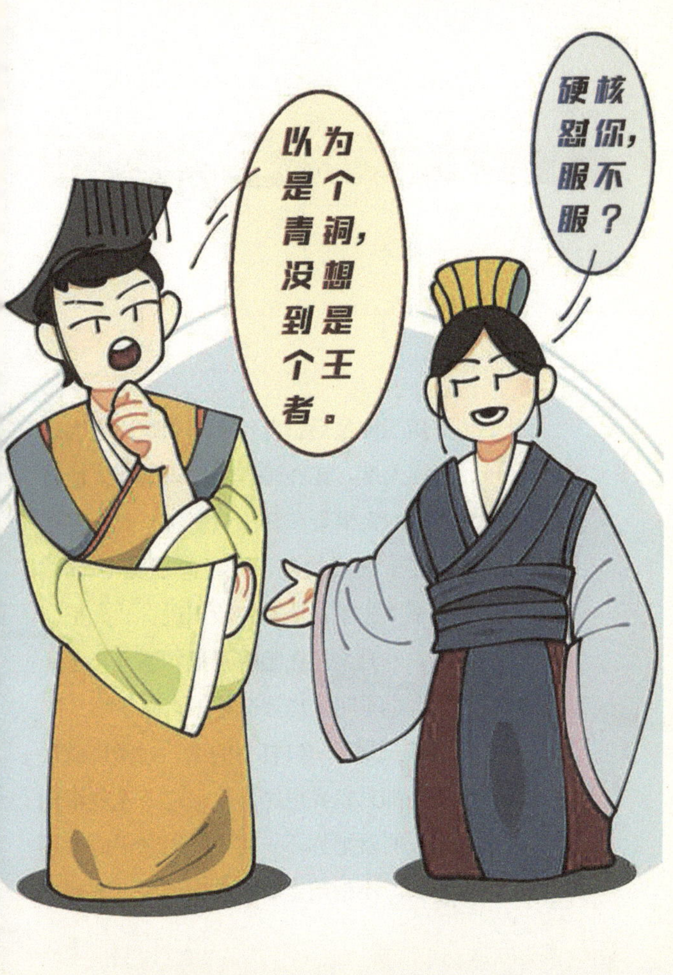
以为是个青铜，没想到是个王者。
硬核怼你，服不服？

我不叫是怕吓着你
一鸣惊人

齐威王即位后，九年不理朝政，吃喝玩乐，荒淫无度。在齐国群臣的印象里，他就是个十足的大懒蛋和糊涂虫。这一天，齐威王的臣子、著名的稷下先生淳于髡（kūn）终于看不下去了，他对齐威王说："大王，我听说，一只大鸟在咱院子里转悠九年了，也不飞，也不叫。您知道是怎么回事吗？"

齐威王抿了一口杯中的酒，缓缓说道："你说的那只鸟我也经常见，它一飞就窜到天上，一叫就把你吓一跳，所以它平时才不飞也不叫。不信咱走着瞧！"说完，齐威王眼中一道精光闪过。

几天之后，齐威王重赏了政绩突出却因得罪人而声誉一般的即墨大夫（即墨城的军政长官），同时烹杀了声誉很大但实际上不干正事儿的阿大夫（阿城的军政长官）。原来齐威王早就派人把即墨和阿的实际情况调查清楚了。齐国官员这才意识到，这位看似荒唐的齐威王才是真正的高手高手高高手，于是都开始踏踏实实地干活儿，再不敢有偷奸耍滑的念头。于是，齐国很快强大起来，称霸诸侯。这就是历史上著名的齐威王"一鸣惊人"的故事。

（以上故事出自《史记·田敬仲完世家》）

❖━━●◆●━━❖

所以说，做人也好，治国也好，平时一定要低调，懂得韬光养晦，不断充实自己的本领，完善自己的德行。只有这样，才能在机会来临时一鸣惊人。

❖━━●◆●━━❖

经济篇

齐国合伙人
管鲍经商

　　金秋十月，晴和的阳光洒在脸上，鲍叔牙正享受着悠闲的正午时光。忽然，凌乱的脚步声传来，一道身影推门而入。鲍叔牙眼皮微抬，只见来人身材魁梧、相貌堂堂，正是自己的好兄弟管仲。

　　"来了，老弟。"鲍叔牙连忙起身相迎。管仲十分沮丧，对鲍叔牙说："我的差事又丢了。鲍大哥，我该怎么办呢？"鲍叔牙摇摇头笑着说道："前几日，我南阳的朋友给我介绍了一桩生意。这样吧，咱们合伙干吧！"管仲一听，激动地立马跳了起来，感谢道:"太感谢大哥了!"全然没有了刚来时的颓废。

不久,两人的生意便在南阳张罗了起来,他们一个主内、一个主外,一时间倒也是蒸蒸日上。可好景不长,没多久,便有了质疑的声音。

原来,这生意虽然是管仲和鲍叔牙两人合伙,但鲍叔牙家境殷实出资多,算是大老板;而管仲只是个小股东,最多也不过是个总经理。可每到分利润的时候,管仲却总是要多拿多占。鲍叔牙的秘书对此十分不忿,于是来到董事长办公室问鲍叔牙:"管仲这人品行有问题!他当官屡次落马,打仗也是逃跑最快的一个,现在做生意又多占多拿,我们实在是看不下去了!"鲍叔牙哈哈一笑说:"非也非也!管仲可是个深藏不露的人,他本事大得很哩,前途不可限量!他在战场逃跑,只是因为有老母亲要照顾。他家里又穷得叮当响,我们作为齐国好搭档,让他多拿些钱也是应该的嘛。"秘书听完,为鲍叔牙的大度和管鲍之间的友谊所感动,也为自己的小肚鸡肠而愧疚。他沉思一会儿后,默默地关上门离开了。

若干年后,两人相互扶持下各自走上了人生的新

高度，均成为齐国重臣。管仲在回忆这段经历时，仍然对鲍叔牙充满了感激。

（以上故事出自《史记·管晏列传》）

《列子·力命》云："'生我者父母，知我者鲍子也。'此世称管鲍善交也。"管鲍之交被誉为交友的最高境界，是历代传诵的佳话。朋友之间，不仅要互相理解、互相欣赏，更要互相成就。管仲穷困潦倒、生活不顺之时，只有鲍叔牙知道他的鸿鹄之志与卓越才能，并力所能及地提供帮助。真正的友情，正是建立在这种互相高度了解和高度信任的基础上的。

双招双引的鼻祖
齐相管仲

　　齐都临淄，热闹的集市上突然传来一阵嘈杂声。循声望去，原来是几位从外地来的客商与齐都大酒店大堂经理产生了争执。

　　"我们都是从外地来经商的，凭什么单独给雅座的客商配五个服务员，而我们都没有？"客商甲说道。大堂经理一路小跑赶到客商身前，解释道："这位客官，您听我给您解释。"旁边的客商乙接过话茬，生气地说"你不用解释，我也非常生气。没想到你们齐国人都有两副面孔。我们都是来经商的，为什么对我们区别对待呢？"大堂经理抹了抹额头渗出的汗水，仍是面带微笑，态度诚恳地向他们解释说："两位老板，是这样的，管仲大人为更好地服务各地来的客商特意修建了这座大酒店，并且根据客商所乘车马的数量给予不同的优惠和待遇。你们二位，一位所乘的马车是四马一车，可以享受食宿全免的待遇；一位所乘的马车是十二马三车，可以享受食宿全免及免费为马提供饲料的服务。而刚才那位客人，有二十匹马五辆车，除享有上述优待政策外还可以配备五名专属服务员。"两位客商听完，不由转怒为喜，连连道："居然还有这等好事，怪不得各国的客商都往这跑呢？还是管仲大人想得明白，外商来了，经济就发展起来了！这样的齐国怎能不强大呢？我马上通知自己的家人，明天开始，把所有车马都调拨到齐国来！"

正在此时，不远处的宫城内突然烟雾缭绕、火光四起，两位客商大惊失色，大声道："失火了，失火了！快叫人救火啊！"一位白胡子老头慢悠悠地走过来向他们解释说："二位莫慌。这是大王在举行庭燎之礼欢迎贵客呢！大王广招人才，他让人在大庭中燃起火炬，这叫"庭燎"，是咱齐国最高规格的接待礼仪。据说，这位客人是个会九九乘法口诀的人。"两位客商吃惊得下巴都快掉了下来："什么，会个乘法口诀就能让国君以庭燎之礼欢迎？我走南闯北这么多年，我觉得我上我也行！"老头接着说道："这次庭燎之礼目的就是表明我们大王求贤若渴的态度和招才引智的决心。只有礼敬人才，才能使天下的人才来到齐国施展抱负，而齐国也必然能够强盛起来。"一位客商听完，立马修书一封寄回国内："爱妻，我在齐都临淄，齐国国君爱才钱多，盼携家中子弟速来！"

（以上故事出自《管子·轻重乙》）

———◆———

高质量发展离不开资金、项目和人才、智力的支撑。招才引智聚力量，招商引资促发展。早在春秋时期，齐国就实行过"双招双引"政策。这种政策的鼻祖就是号称天下第一相的管仲。"双招双引"政策为齐国的发展提供了强大的动力，也成为后世招揽人才、吸引外资的优秀典范。

———◆———

最讲礼义的"花圈"税
五吏之谋

　　一日，齐桓公和管仲在宫中谈论国事。齐桓公问管仲："寡人听说鲁国的鲁庄公生活极其奢侈，刚刚重修了宫殿。寡人也想重新建一座宫殿，仲父您看如何？"管仲没有说话，只是闭着眼摇了摇头。齐桓公接着说"这宫殿从寡人进驻后还没修葺过，新的宫殿不建，重新装修一下旧的宫殿总行了吧？"管仲半天才缓缓吐出三个字："没有钱。"

　　齐桓公一听，更来劲了，他站起来打开窗户指着外边说道："看到没，这是祖宗为寡人留下的江山。有大好的山河在，怎么会没有钱?"齐桓公见管仲没答话,便继续说道:"寡人要征税!征税以后寡人就有了资金。寡人要征收房屋税!"管仲回答说:"征税可以,但要想好征收什么税。房屋税是不行的,难道您想要老百姓都把房子拆掉睡大街吗?"齐桓公又说:"那就征人口税。"管仲回答说:"不行,人口是第一生产力,百姓都不生孩子了怎么办?"齐桓公仍不死心,他说道:"那收牲畜税总行了吧?"管仲立马来了一句:"牲畜是重要的生产工具,还是不行。"齐桓公思来想去,又一次问道"那收树木税总可以了吧?"管仲回答说"齐国是我家,绿化靠大家。您这不是鼓励大家去砍树吗?"

齐桓公顿时像泄了气的皮球,嘴里念叨着:"这也不行,那也不行,您说怎么办?"管仲走过来,拍着齐桓公的肩膀说:"想征税倒也不难,我给你出个主意。"齐桓公听完大喜,忙问:"快说,快说!我们能向谁征税呢?"管仲答道:"向死人征。"齐桓公一听,有些生气地说道:"向死人征?你是在开玩笑吧?"管仲微微一笑,也不管齐桓公听不听得见,继续说道:"从前尧有五位功臣,现在无人祭祀,你让人们来祭祀

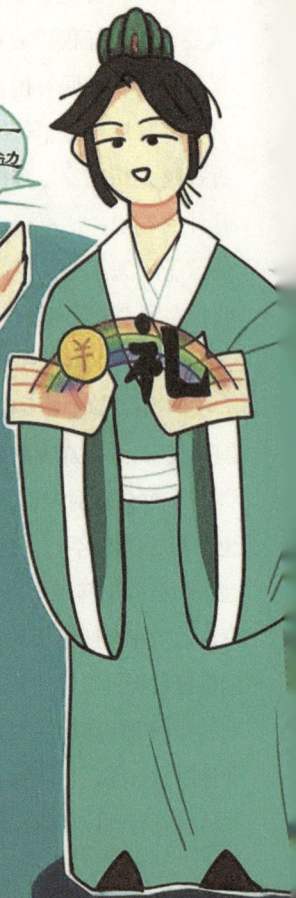

尧的五位功臣。用生鱼做成鱼干祭品，用小鱼做成菜肴祭品，这样一年四季都会有祭祀品去祭奠五位功臣，国家的鱼税收入可以比从前增加百倍，而且同时还推行了国家的礼义教化。这些钱并不会让百姓负担太重，大家接受起来会非常愉快。有这些钱，你干啥干不成啊？"管仲将了将胡须，准备再跟齐桓公讨论下征税的细节，转眼一看，哪还有他的影子。只见齐桓公已经跑到门外，嘴里喊着："来人，来人！尧帝的大功臣居然都没人祭祀了，我泱泱大齐，礼仪之邦，传我命令……"

（以上故事出自《管子·轻重甲》）

━━━━━━●●●━━━━━━

礼义教化和经济利益原本是两个领域的事，经管仲之手却巧妙地将它们结合起来。中华五千年文明孕育了无数英雄人物，他们代表着中华民族的优秀品质与高尚精神。今天我们在追求经济利益的同时，还要大力弘扬社会主义核心价值观。只有找到礼义和利益的交汇点，才能实现增加经济收入与弘扬中华民族传统美德的有机统一。

━━━━━━●●●━━━━━━

国君放贷
史上最早的贷款

一日，齐桓公与管仲在宫中闲谈。齐桓公问："仲父啊，您说要称霸天下，什么事最重要？"管仲先将齐桓公的酒斟满，然后说道："要想称霸天下，首要的任务是让齐国强盛起来。而这其中最重要的，就是经济的繁荣。"齐桓公听完问道："我想发展战备，可是现在国库空虚，您有什么好的发展经济之道吗？"管仲说："国库空虚，问题出在政令上。一个农民只能种百亩土地，而春耕春种只能在二十五天内完成。要想国富民强，这二十五天很重要！"齐桓公一脸茫然："为什么说春耕春种只能在二十五天以内呢？"
管仲微微一笑："冬至后六十天地面解冻，到七十五天地下解冻。地下解冻才可以种谷，过冬至一百天就不能再种，所以春耕春种必须在二十五天内完成。"

齐桓公边听边点头，管仲则继续说道："而要想充分利用这二十五天，就需要在春耕的时候给农民发放贷款，让他们春耕春种，发展生产。到了秋天，五谷成熟，这时粮价就会下降。然后，我们再让农民用粮食偿还他们的贷款。等到国内市场的粮食有一半控制在国家手里时，粮价必然暴涨数倍。接下来就是见证奇迹的时刻。您通知地方官吏，让他们交纳兵器、用具，而这些物品则用粮食折成现钱购买。这样一来，农民有了发展生产的本钱，自然对您和国家感恩戴德；而国家也可以不向百姓直接征税，而获得足够的战备。这叫以粮换钱，一举两得。"

齐桓公眼前一亮，说道："仲父高明！"

（本故事出自《管子·巨乘马》）

管仲通过发放贷款、寓税于粮，兼顾了稳定与

效率，从而达到了国家与民众的平衡。"水能载舟，亦能覆舟。"统治者在治理国家时，要予百姓以仁政，采取合理的措施，努力实现国强与民富之间的双赢。

军事篇

别看我只是一只羊

悬羊击鼓

传说在齐国公子纠和公子小白为争位展开"马拉松大赛"途中,公子小白和他的人马曾被公子纠围困在一座山上。历史差点儿就被改写。公子小白是如何脱困的呢?请听我细细道来。

从前有座山,山上有片树林,树林里,有几只羊正在窃窃私语探讨"羊生"。走近一看,发现它们都被拴住后腿挂在了树上,下面还摆满了战鼓。

"你说老弟,"其中一只羊说道,"那些人把我们挂在这里是想让我们给他击鼓助兴？"　"你傻了？"身边的羊白了它一眼，说："我们要被吃掉了！"此话一出，羊群骚动起来。它们的前蹄四处乱蹬，蹬到了鼓上，一时间鼓声震天。

听到这一声响，已悄无声息逃到半山腰的公子小白甚是欣慰，他对身边的鲍叔牙说："此计甚妙！不然你我众人非被困死在这山上不可。"　"公子说的没错，"鲍叔牙点头附和道，"就是可惜了这几只肥羊。"说罢，他们继续赶路，没多久就回到临淄，公子小白做了国君，也就是后世声名远扬的齐桓公。

而与此同时，山下的公子纠还在洋洋自得，认为其乃天命之子。后来听到鼓声渐弱，他立刻下令攻山。不久后，手下来报，说兄弟们搜遍整座山也不见公子小白身影，只有几只羊挂在树上奄奄一息。辅佐公子纠的管仲一听便觉不妙，仔细一想，对公子纠说："不好，公子，我们怕是中计了！"　"此话怎讲？"公子纠还没明白其中缘由。"好一出金蝉脱壳之计！他们用羊敲鼓制造人马还在山上的假象迷惑我们，自己溜之大吉。"管仲答道。公子纠大怒"这小子竟敢耍我！"

（以上故事根据民间传说改编）

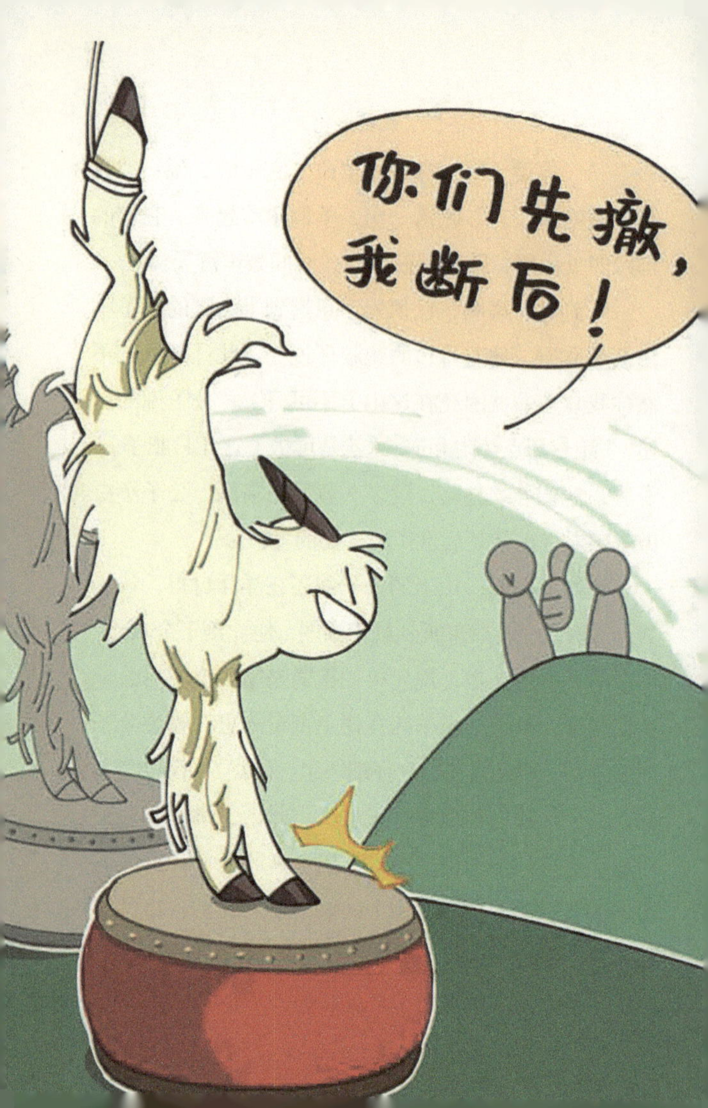
你们先撤，我断后！

———————●●●———————

公子小白被围困山上，本不多久就会弹尽粮绝而亡，但他没有放弃，而是积极寻找对策，终于柳暗花明，最终成就一代霸业。这个故事告诉我们，即使陷入绝境也不应轻言放弃，保持冷静，运用智慧，事情就会有转机。

———————●●●———————

齐桓公翻车记

长勺之战

　　齐桓公继位后，虽然原谅了管仲的一箭之仇，可也没忘记当年的背后推手是鲁国。秉着有仇不报非君子的原则，他刚坐稳君位半年，就决定兴兵伐鲁，好讨回那些年挨过的打。

　　其实长勺之战前，鲁国在不久之前刚在干时之战中被齐国打败，所以这次战前，鲁国举国上下一片衰气笼罩。正在这走投无路之际，鲁国的一位著名人物出现了，他就是长勺之战的灵魂人物——曹刿。

　　曹刿"取信于民"的观点给鲁庄公留下

了深刻印象，而且他心理素质极强。鲁庄公带着曹刿，共同奔赴了长勺战场。

战场上，齐军兵强马壮。而鲁国这边，鲁庄公心里慌得不行，但还是打算硬着头皮，下令击鼓出击，来个先发制人，好歹输人不输阵。然而曹刿却在这时劝阻了庄公："现在进攻并非良机，请您坚守阵地，等待破敌的时机！"一来曹刿发现齐军兵力占据优势，二来齐军士气旺盛，鲁军若是贸然出击，胜算势必不大，甚至可能再次遭到惨败。因此曹刿建议鲁庄公沉着冷静，以逸待劳，伺机反攻，"后发制人"。

鲁庄公最大的优点之一就是听劝，他接受了曹刿的建议按兵不动。可对面的齐军就不冷静了，齐桓公做梦都想着揍鲁庄公一顿，早就按捺不住自己的双手了，此时见鲁军没有出战，更是认定鲁军吓得不敢露头。因此，齐国又一次向鲁军发起猛烈进攻。鲁庄公吓得两腿发软，拼命护住自己的脑袋。可奇迹出现了，齐军的主动进攻都没能摧毁鲁军严密的防御军阵！

齐军前两次主动进攻无果后，鲁庄公终于看到了希望的曙光。他顾不上激动，打算趁机反击，但却又一次被曹刿制止。直到第三次，曹刿终于建议庄公开始反攻，庄公命令将士们全面出击。此时双方士气全然逆转，"彼竭我盈"，鲁军反守为攻，凭借着强大的士气优势，一鼓作气，英勇冲垮齐军的车阵，大败齐军。

齐桓公做梦也没想到自己也有被鲁国打得屁滚尿流的一天，狼狈地逃回了老家。他声泪俱下地向管仲控诉道："鲁国这群阴险狡诈的家伙，不知道从哪儿找来了个专搞投机倒把的小人，净要些不入流的小手段，打架也不按规矩来，害得寡人吃了大亏！"可管仲却不紧不慢理了理衣袖，沉声应道："早就劝大王莫冲动，我们还没强大到能完虐鲁国的时候呢。看来，以后的战争，只靠力量是很难取胜了。"说完，他望了望窗外，又说："大王你看，起风了……"

（以上故事出自《左传·庄公十年》）

———————◆●◆———————

　　长勺之战的失利，是齐桓公执政初期的一次重大挫折，也是他整个争霸称雄的人生中一次罕有的重大

军事失败。正是这一战的教训，让他从最初畅想的"以力服人"的称霸道路不得不转化为"以德服人"。即不再单纯依赖军事战争的暴力手段，而是更多运用政治、外交的手段来配合军事行动，伐谋、伐交、伐兵三管齐下。因此，长勺之战对于齐桓公调整、完善争霸战略也具有相当深远的影响。

塑料兄弟情

孙庞斗智

孙膑和庞涓都是鬼谷子的得意门生。年轻的庞涓是一个不甘平庸的人，为了做出一番大事业，他便提前申请了毕业。临行前，作为好兄弟的孙膑前来送行，两人依依惜别，庞涓说："好兄弟，等我混出个名堂，肯定也有你的一份！"很傻很天真的孙膑同学把这番客套话记到了心里，连连点头，目送着庞涓的身影消失在人海中。

庞涓来到魏国不久后就得到了魏惠王的赏识，担任军队首长，走上了人生巅峰。可正当庞涓在魏国风生水起的时候，他的昔日同窗孙膑毕业前来投奔他了。嫉妒使人丑陋，庞涓心里明白，孙膑比他更有才能，便心生歹念。于是，刚来没多久的孙膑就惨遭昔日同窗陷害，遭受了严酷的膑刑，被挖去膝盖骨，脸上刺字，彻底成了废人。

还好老天爷为孙膑开了一扇窗。有一天，齐国使者出使魏国，孙膑就想方设法让齐国使者发现了他。一番交谈后，齐国使者发现孙膑是位不可多得的人才，便把他偷偷运回了齐国。来到齐国后，孙膑凭借自己的智慧与才干，帮大将田忌赢下了赛马，博得了田忌的关注。田忌发现了孙膑超凡的军事才能，并借此面见了齐威王。齐威王让他担任军师一职。后来，孙膑通过两场战争，不仅终结了魏国的霸权，还消灭了一生的宿敌，迎来了人生的高光时刻。

战争一：桂陵之战

当时赵国进攻魏国的盟国卫国，招致了魏国的干涉，并包围了赵国的首都邯郸。万般无奈之下，赵国派使者向齐、楚两国求救。

于是齐威王便任命田忌当主将、孙膑为军师前去救援。孙膑脑筋一转，便想出了围魏救赵的计策。于是齐军兵分两路，一路假装攻击魏国的平陵，一路直捣魏国国都大梁附近的外黄。这一招果然不得了，庞涓一看自家后院失火，立马以轻装急行军昼夜兼程回救大梁。而田忌和孙膑带领主力部队在桂陵等着庞涓呢。庞涓一个不设防被齐军打得落花流水，而他自己也被一举擒获，在这场仗里应了那句老话"急则多蹶"，摔了跟头。

孙膑虽想将庞涓千刀万剐，但慑于魏国的强大，齐国只得将庞涓放归。这无异于放虎归山。但不管怎样，孙膑庞涓较量的第一回合，孙膑胜！

战争二：马陵之战

桂陵一役，魏国元气大伤。为了补偿桂陵之战损失，魏国决定发兵攻打韩国。令人没想到的是，十三年过去了，这场战役来得像电视剧重播一般，韩国也是向齐国求救，而齐国派去救援韩国的，依然是这对固定搭档——田忌加孙膑。

连这次战役解围也是"复制粘贴"的老手法。田忌孙膑二人又使出了假意攻魏的老招数。可庞涓不长记性啊，这次庞涓又赶紧回军，跟在齐国大军屁股后面穷追不舍。孙膑为了让庞涓轻敌，便想出一个绝妙计策——减灶计！庞涓辛辛苦苦追了三天三夜，发现齐军做饭的灶越来越少，立刻脑补出一个结论：齐军士气低落，士兵正在逃亡，魏军马上要赢得胜利！于是这位忘性很大胆子更大的将军，非常兴奋地丢下魏军大部队，只带上少数轻装兵马便风风火火去追齐军。

好似电视剧重播一般，孙膑又使出老招式在马陵设伏，张网以待。等庞涓终于赶到马陵时，突然空中万箭齐下，统统朝魏军射去！随后齐军乘胜追击，一举消灭魏国的精锐主力，魏军大败！庞涓在混战中拔剑自刎，葬身马陵；而孙膑终于大仇得报，从此声名鹊起。

孙膑与庞涓的较量，最终回合，孙膑完胜！

这一仗打得魏国元气大伤，丢掉了霸主地位；而齐国的势力在此战役之后达到了鼎盛。

（以上故事出自《史记·孙子吴起列传》）

❖━━━●◆●━━━❖

《左传》云："多行不义必自毙"。当一个人做

的坏事多了，自然无法获得好的回报。朋友相处，最重要的是讲求道义，道义才能使人长远。如果一味地搞阴谋诡计，害人终害己。

几近灭国的团战

五国伐齐

齐湣王即位时，齐国经过几代的励精图治，国力日渐强盛。刚上任的齐湣王不甘心吃老本，他要创造自己的神话：完成大一统，实现父辈的夙愿。于是，他四处发动扩张战争，今天向西攻击魏国，明天南下进攻楚国；一会儿和秦昭襄王约定并称"东帝""西帝"，一会儿又和其他五国合纵攻秦。积年累月的战争使齐国对外树敌无数，内部民怨沸腾。即便如此，凭借深厚的积累，齐军仍是捷报频传。

一路高歌猛进的齐湣王更加狂妄，在身

边红人苏秦（燕国间谍）的唆使下，他决定进攻垂涎已久的宋国。宋国是齐国南部一个富裕小国，刚发生内乱，很不稳定，秦、赵等几个大国都对它虎视眈眈。齐国先下手为强，耗尽了人力、财力，终于独自吞下宋国这块肥肉。但此举打破了强国间的力量平衡，也使小国产生强烈危机感，齐国成了大家的眼中刺、肉中钉。结果，早有旧仇的燕国吆喝上了："走，咱们去齐国转转！"燕国的提议很快得到了秦、赵、魏、韩的响应。他们一个打不过就联合起来，不管是有新仇旧恨的，还是忌惮齐国实力和野心的，或是想从中分一杯羹的，都抄起家伙去了齐国。齐国虽然是大国，但架不住人家人多，再加上刚经过长时间、高强度的作战，被揍得奄奄一息。

除了寡不敌众，齐湣王还自食了狂妄的苦果。在五国联军杀来时，他对自己的将军触子颐指气使，说："再不开战，就挖了你祖坟！"触子怎么想都咽不下这口气，不战而逃，齐国大败。燕军逼近临淄时，齐国将军达子希望齐湣王广发钱财激励士兵，但齐湣王却表示一个子儿都没有，失望的达子战死沙场。最后，

临淄失守，齐湣王仓皇出逃。别看他当时已经变成"落难凤凰"，还是到哪都放不下一国之君的架子，没有人受得了他。在莒城，他被楚将淖齿抽筋悬于梁上，没多久就断了气。齐国也差点亡国，自此元气大伤，永远失去了统一天下的资格。

（以上故事出自《史记·田敬仲完世家》《战国策·齐策六》）

———◆●◆———

即使自身力量强大，但在实力还不足以一击制敌之时，贸然暴露野心、亮出底牌，自然会引起强烈反弹。到时候，不管是敌国背水一战也好，还是联合其他力量共同对抗也罢，都会使本国承受难以承受的后果。可惜齐湣王不懂这个道理，亡国破家、身死名裂也就在意料之中了。这个故事也告诉我们，穷兵黩武或许能获得一时的利益，但对国力的损耗是慢性却致命的。爱和平、谋发展才是真正的人间正道。

———◆●◆———

愤怒的火牛

田单复国记

　　田单曾是齐国临淄某个平平无奇的基层小官，在很多年里没能升迁。本以为就这样平淡过完一生，没想到国君齐湣王穷兵黩武，惹了众怒，齐国被几个诸侯国联合起来狂揍，差点亡了国，田单只得开始了自己的逃亡生涯。

　　时势造英雄，乱局中，田单的军事才能逐渐显现。逃到安平（今山东省淄博市临淄区皇城镇）后，田单吩咐族人对马车进行改造：截短了车轴，罩上了铁皮。后来燕军袭击安平，一行人凭借轻便、坚固的马车在庞大的逃亡车流量中顺利逃到即墨，田单因此声名远扬。数年后，即墨也成了燕军攻击的目标。守将战死后，田单被推选为新守将，他的防守反攻之路也由此开启。

巧用反间除劲敌

田单知道，要想保住即墨，甚至反攻，就必须除掉燕国名将乐毅。没想到机会很快就来了：燕昭王去世，而乐毅和新上任的燕惠王不和。田单派间谍去燕国散布谣言："乐毅要反啦！七十多个城池都拿下了，即墨竟然拖到现在，是等着自己做大王呢！"这些谣言传到燕王耳中，加深了两人的裂痕。燕惠王派草包骑劫取代了乐毅，临阵换将的燕军军心一片涣散。

"神师"出山声势起

即便如此，田单还是不敢掉以轻心，他知道齐军的士气还不够。于是，他又心生一计，颁布了一条命令：城里百姓每次吃饭前，先在庭院祭祖。命令实施之后，鸟儿都被祭品吸引来了，它们盘旋在即墨城上空，让燕军大为讶异。田单派人放出风声说："这是因为神仙将下凡助我齐国！"

接着，他在全城发起"神师"选拔活动。一个小兵嘻嘻哈哈地举手："你们要找的是俺不？"说完撒腿就跑。田单派人把他请来，小兵心虚地说："搞错了，俺不是。"田单笑着回答："我不要你觉得，我要我觉得！"接着拜这个满头问号的士兵为"神师"。从此以后每次发号施令，都会打着"神师"的名号。

谣言四起斗志升

造好势后，谣言小分队再次出动，说："'神师'最害怕的就是割掉降燕齐兵的鼻子，打仗时让他们走在最前面，齐军就能给吓个半死。"燕军智商下线，信以为真，便割掉降燕齐兵的鼻子。城里的守军见投降就是这个下场，又恨又怕，从此打消了投降的念头。他们又接着散布说："'神师'说他最怕燕人挖我们的祖坟，侮辱先人，那齐人就伤心到无力反抗了。"燕军又上了套。城里的守军看到后，气得呼天喊地，恨不得立马冲出城和燕军拼命。此时田单知道，战士们已经准备好了。

深入基层军心齐

田单深知民心、军心的重要性，他深入基层，与手下同吃同住，带头筑城墙、挖壕沟，甚至还把妻妾编进了队伍中，士兵都非常敬重他。见反攻时机成熟，他把城里的精锐部队隐藏了起来，派妇孺老少守城；组织即墨土豪给燕将送钱，以"求投降时保全其家人"的名义；最后派使者去燕营投降。燕军喜不自胜，觉得胜利已唾手可得，再不好好练兵打仗了。

火牛登场取胜利

在田单的努力下，城内百姓同仇敌忾、十分团结。但是最近发生了件让他们有些纳闷的事：自家的牛被小兵给牵走了。他们想不明白，牛能派上什么用场。不过大家对燕军的仇恨值早已拉满，所以决定相信田大将军，纷纷眼含热泪地送牛入了伍。据小道消息说，将军是这么把牛训练成战士的：先把牛吃的草料制成人形，套上燕军的服装；把牛饿到狂躁不安，再在他们的角上绑上尖刀；放牛出圈，但只有刺破"燕军"的才能吃到草料。反复训练后，即使是温顺的老牛也变得六亲不认了。

终于到了表演真正技术的时候，士兵们把早就准备好的红衣给牛套上，接着又变身画手，在牛的身上画上五彩龙纹。他们还给牛角绑上了尖刀，尾巴绑上浸了油的芦苇，并在城墙上挖了许多洞。万事俱备后，在一个月黑风高的晚上，士兵们点燃了芦苇，放牛出城。于是，屁股着了火的、饿极了的牛们拼命向前冲，冲到了燕军的营帐中。这时候的燕军已经不再是草人，但牛哪管这么多，见到他们就刺。刚从睡梦中惊醒的燕军们，看到火光中的龙纹，还以为神牛下凡。前有"牛战士"冲锋在前，后有五千齐军壮士紧随其后，再加上城中百姓敲锣打鼓的助阵声，燕军大为惊慌，仓皇败走。

田单光复了齐国，而火牛阵这场战役也成为中国古代战争史上的一个经典案例。

（以上故事出自《史记·田单列传》）

就这样，田单率领士兵（和千余头牛）凭借智慧和坚韧不拔的精神，不仅以少胜多保住了即墨，还一举收复七十多座城池，成功复国。谁能想到，曾经在官场上遭人忽视的田单，能出奇制胜、步步为营，扛起齐国复国的大任呢？所以说"三人行，必有我师"，不要小看身边的每一个人。

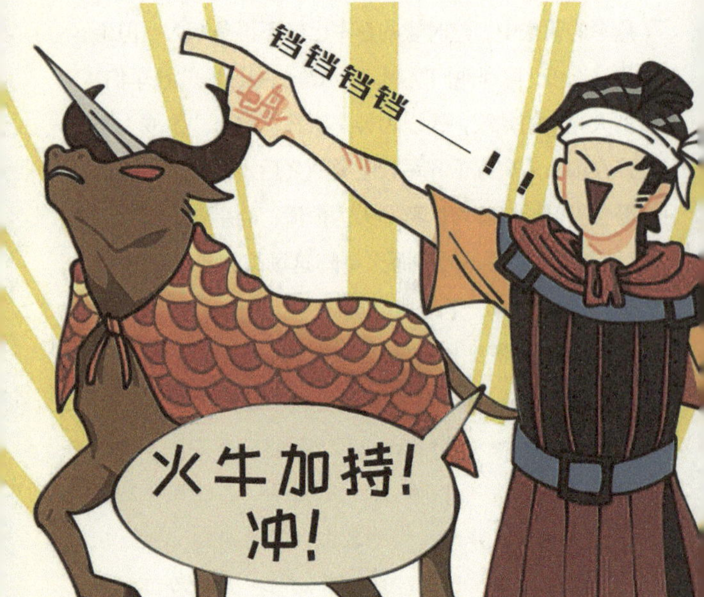
锴锴锴锴——！！
火牛加持！冲！

文化篇

千古垂钓第一人 姜太公

夕阳西下，渭河北岸，一位老者独坐垂钓。只见他手握长杆，专心注视着水面。鱼钩离水面一尺来高，不仅是直的，也没有鱼饵，让人怀疑他是不是真的在钓鱼。这名老者姓姜，名尚，来自东夷。至于他为何大老远跑到西边钓鱼，那还要从他逝去的青春说起。

年轻时的姜尚是一个并不成功的人。他在商朝的都城朝歌做官不受重用，去诸侯各国游说不成，做屠夫卖肉卖不出去，劳力没人要，给人当上门女婿被扫地出门。一直熬到七十岁，他由一个怀才不遇的愤青变成穷困潦倒的老者。一般人早就心灰意冷，可他没有，因为他坚信人生的下半场才刚刚开始。

正值商纣王昏庸无道，当时的西伯侯姬昌还只是商朝的一名臣子。隐居在东海边的姜尚听说姬昌在西岐敬老慈少、礼贤下士，许多士人都赶去投奔，于是也连忙背上行囊一路向西。走到渭河边，他停住脚步，坐在岸边垂钓，希望钓到一个能够赏识他的有缘人。

倒了大半辈子霉的姜太公，用他平生积攒的所有运气换来了与姬昌的一次邂逅。这天，姬昌正在渭河北岸打猎，看见一位独自垂钓的老者，不禁被一股清奇的"画风"所吸引，心想这老头几时才能钓得上鱼？就在此刻，那老者回过头来，向姬昌投来深邃的目光。于是，他们坐在一起，就治国问题展开了一场亲切友好的交谈。姬昌说："敢问先生，如何才能得天下？"姜尚回答："天下不是一个人的天下，而是全天下人的天下。能够与天下人共享天下之利，才能得到天下，反之就会失去。"

姬昌听后非常高兴，一把攥住了姜尚的手，激动

地对他说:"我家祖上太公说,圣人会来兴盛我大周。今日一见,说的不就是先生您吗?我家太公一直都在盼望着您呀!不如,我就叫您'太公望'吧!"然后,姬昌邀请姜尚一同归去,把姜尚留在身边做助理,为自己出谋划策,共同开启了兴周灭商之路。

就这样,年过七旬的姜尚成为周王朝开国功臣,继而出任齐国开国君主,走上人生巅峰的辉煌之路。

(以上故事出自《六韬·文韬·文师》《史记·齐太公世家》)

———— ●●● ————

姜太公钓鱼的故事家喻户晓。主人公姜尚凭借过人的才华和毅力成就了自己的传奇人生,成为齐国开国之君。此外,姜太公实现人生逆袭,还在于有一个能够赏识并重用他的明主。所以,为了让人才发挥其应有的价值,建立完善的人才选拔、培养、激励和评价机制是当今社会的重要任务。

———— ●●● ————

毁誉参半的厨神
易牙的人生 AB 面

人性是复杂的，有多个侧面。作为齐桓公身边的宠臣，易牙的人生可以分为 A、B 两面。

A面

中国有史料记载的使用调味烹饪的第一人。易牙拥有极高的味觉辨识能力，孔子说他连淄水和渑（shéng）水混在一起都能分辨出来。据说他在调料之间的混合搭配技术登峰造极，蒸煮烹烤、刀工火候样样精通，做出来的菜色香味俱全，奠定了中国烹饪技能的基本框架，以至后人言及烹调之术必称易牙。

食疗养生创始人。易牙将膳食和医疗巧妙结合起来，凭借此方法治好了齐桓公宠妾长卫姬的怪病。据说他还留下了一些食疗菜谱，食疗养生从当时便开始流行，直至今日。

"鲜"味发明家。传说易牙曾用刚捉到的活鲤鱼和羔羊肉烹制了一道名菜——鱼腹藏羊肉，大概齐桓公觉得好吃到无法形容，就发明了一个"鲜"字。

欲罢不能的厨神。由于做饭一级棒，易牙深受齐桓公宠信。齐桓公离了他做的饭都吃不下，半夜饿了要吃他做的饭。即便易牙被赶出宫，也很快被齐桓公召回，因为齐桓公想念他做出的味道。

餐饮业祖师爷。易牙避居彭城（今江苏省徐州市）之后，据说在那里实现"下岗职工再创业"，开了史上第一家饭店，推广食疗菜，还为鲁菜的形成做出贡献。

B 面

极尽所能献媚的谄臣。因为齐桓公一句"什么都吃过，就是没吃过人肉"的玩笑话，易牙不惜把年仅

四岁的亲生儿子杀死，做成羹汤进献给齐桓公。性质极其恶劣，为管仲所不齿。齐桓公听从管仲遗言，一度将他撤职，永远不得入朝。

干预立嗣的权臣。易牙与宦官竖刁勾结，在齐桓公和管仲已经立太子昭的情况下，说服齐桓公废太子，改立长卫姬生的无亏。等到管仲死后，齐桓公的五个儿子都要求立自己为太子，埋下了争位的祸患。

背弃君主的乱臣。易牙为了协助公子无亏夺位，在齐桓公病重时，与竖刁联合五位公子狂杀诸大夫；关闭宫门，致使齐桓公被困在宫中，无人照应，竟被活活饿死。齐桓公死后，宫内依然混战，直到六十七天后无亏即位，才将齐桓公入殓。此时，齐桓公尸体上的蛆虫早已爬出门外。

祸乱齐国的罪臣。易牙与公子无亏作乱，招致齐人不满，结果齐国陷入内乱。无亏被杀，其他几位公子争位，齐桓公创下的霸业随之衰落，齐国在很长一段时间内一蹶不振。而易牙逃到鲁国，据说后来避居彭城。

如何评价易牙其人？如果单看 A 面，他是一位了不起的厨神；单看 B 面，他是一个杀子媚上又叛君夺权的卑劣小人。齐桓公陶醉于易牙的 A 面，忽视了他的 B 面，造成了一次重大的用人失误。然而，历史终究是客观的，既记录下易牙的恶行以警示后人，又不忘将他的精深厨艺流传下来。

（以上故事出自《左传·僖公十七年》《史记·齐太公世家》《淮南子·道应训》等）

———————◆●◆———————

在选人用人方面，易牙的例子发人深省。当我们评价一个人时，永远不要以偏概全，而是应该认识到人性的复杂和多面，做出判断时方能不失偏颇。

———————◆●◆———————

尽善尽美的齐乐
孔子闻《韶》

这个故事的主角是从鲁国来到齐国避难的孔丘先生，他近期一直住在重臣高昭子的家里。就在三个月前，他随高昭子入宫，回来后不久便神情恍惚、茶饭不思，还时常自言自语、手舞足蹈。这背后暗藏着怎样的玄机呢？

这天，只见孔丘先生躺在床上，嘴里哼哼唧唧，反复地念着"……真是美。美呀，美呀，美美美美美美美，美美美……"到底是什么东西这么美呢？难道是喝了宫廷玉液酒？这时，他的家人给他送饭来了。里面有齐国本地特色美食——烧肉。烧肉外酥里嫩，香脆可口，让人垂涎不已。然而，孔丘先生却对如此美食毫无兴趣，无动于衷，把身子转过去了。难道他已经嗅觉、味觉都失灵了吗？究竟发生了什么让他变成现在这个样子？

据知情人士透露，事情原来是这样的。三个月前的一天，风和日丽，孔丘先生跟着高昭子进宫，听了一场宫廷音乐会。听完之后，他陶醉其中，如痴如醉，不可自拔，不停说着"美啊美"。没过多久，他就变成了现在的样子。

一场音乐会就能使人精神恍惚吗？这到底是怎样的音乐呢？原来，当天演奏的曲目是《韶》乐。它是上古时期歌颂虞舜功德的著名乐曲，经过周王室重新整理用于宫廷宴乐，传入齐国后又融入当地民俗风情与音乐元素，因此演奏出来大气磅礴、雄伟庄重。在那个礼崩乐坏的时代，孔丘先生始终为周礼的没落而痛心。在齐国亲见了一场集歌、乐、舞、礼于一体的大气恢宏的音乐，他自然喜不自胜、痴迷不已。以至于《论语·八佾》中记载了孔子听过齐《韶》后的赞叹：

"尽美矣，又尽善也。"

看来，优美宏大的《韶》乐正是泱泱齐风的真实写照。"子在齐闻《韶》，三月不知肉味。"来自鲁国、热爱礼乐文明的孔丘先生为《韶》乐所着迷，这是齐鲁文化的一次交流和碰撞。无论何时何地，优秀的文化艺术总是相通的，具有触动心灵的力量。

（以上故事出自《论语·述而》《论语·八佾》《史记·孔子世家》）

———◆●◆———

文化艺术是一个国家和社会繁荣的标志之一，应坚定不移地弘扬优秀传统文化，激发优秀传统文化的时代活力。从古至今，齐地还涌现出聊斋俚曲、五音戏、八仙戏等传统艺术，它们流传至今，是珍贵的非物质文化遗产（简称非遗）。近年来，非遗传统艺术受到高度重视，相关部门致力于挖掘整理齐《韶》乐等古代雅乐文化，把齐《韶》乐舞列入重点研究方向，重新奏响千年文化瑰宝的华美乐章。

———◆●◆———

娘子军速成记

孙武的兵学智慧

　　训练场上，鼓声隆隆，近百名士兵身披甲胄，手持兵器，严阵以待。只见号令之下，士兵们令行禁止，动作整齐如一。近前一看，这支纪律严明的队伍竟是一支娘子军！士兵们都是吴国宫女，训练她们的是齐国的孙武。孙武为何要训练这支娘子军？而这支娘子军又是如何训练出来的呢？这还要从吴王阖闾（hélú）接见孙武说起。

　　吴王对孙武盛名仰慕已久，听说孙武从齐国远道而来，便热情地接见了他。一见面，吴王一把攥住孙武的手，对他说："您的十三篇兵法本王都读过，做梦都盼您来指导工作！道理寡人都懂，可否请您现场指挥一下，教咱们开开眼？"孙武说可以，表示不管是什么人，他都能给训得服服帖帖，说往东就不敢往西。吴王脸上露出诡秘的笑，问道："女人也能训？"孙武拍拍胸脯道："甭管男女，我都能训！"

不一会儿，一群宫女改换成士兵装束，说说笑笑地来到训练场，有百八十人。孙武把她们分成两队，每队各选一名队长，列队站好，然后向她们宣布号令。但是宫女们不以为意，不管孙武怎样指挥、交代号令，队伍里愣是没人服从，还不时爆发出一阵哄笑，伴随着叽叽喳喳的说话声。有的宫女还模仿孙武指挥的样子，仿佛他是个大傻瓜。场面一度失控。

孙武平静地看着这群嘻嘻哈哈的宫女，一字一句地说："我说得这么清楚，你们都不听，看来你们很狂躁啊！队伍狂躁，队长难辞其咎，按律当斩。"

吴王本来坐在场外，看得津津有味，一听说要杀两位队长，吓得眼珠子都要飞出去了。原来那两个队长不是普通的宫女，是他最宠爱的两个妃子。本来是混进去好玩的，不想惹来了杀身之祸。吴王连忙站起来朝孙武喊话，求他刀下留人："孙先生，寡人知道你会带兵了！别动寡人最爱的妃子！没有她们，寡人饭都吃不香啊！"

孙武一本正经地对他说："将在外，君命有所不受！"说着就将两位队长斩首示众，又从花容失色的宫女中间点了两个人，叫她们接任队长，继续操练。不一会儿，一支训练有素的娘子军就诞生了。孙武这才来到吴王面前汇报成果："报告大王！受阅部队训练完毕，甘愿为您上刀山下火海，请大王检阅！"

此时吴王只听见自己心碎的声音，哪里还有心思阅兵，就摆摆手，要回去休息。见此情形，孙武长叹道："原来大王不是真心想看我带兵，而是拿人寻开心，带兵打仗可不是儿戏，也不是翻翻书就能赢。既然如此，大王您还是不要再谈论兵事了。"

对于自己的轻率安排，吴王肠子都悔青了，但更多的还是惭愧，便虚心向孙武求教："刚才都是寡人的不是，您是一位不折不扣的军事家，希望您能留下来协助寡人，成就大业！"于是，孙武被封为将军，

带领吴国军队打败强敌楚国，使吴国威震四方，称霸诸侯。

（以上故事出自《史记·孙子吴起列传》）

———————◆●●◆———————

国力的强盛离不开国防和军队，一支纪律严明、训练有素的队伍更是国家战斗力的体现。孙武治军是其军事思想的应用。他流传下来的《孙子兵法》是古典军事文化遗产中的瑰宝，影响深远。《孙子兵法》不仅为我国现代国防和军队建设提供宝贵借鉴，在世界军事史上亦有重要地位。

———————◆●●◆———————

齐派医学小故事
扁鹊见齐桓侯

战国时期，扁鹊四处行医，路过故乡齐国，顺道拜访了一下齐桓侯（即田齐桓公田午）。齐桓侯万万没想到，他把扁鹊当客人，扁鹊却说他"有病"。

齐桓侯十分不悦，心想：寡人身体倍儿棒，吃嘛嘛香，怎么可能有病？这个扁鹊一定是来骗取钱财和名声的吧！于是，齐桓侯义正词严地回答："我没病。"

扁鹊只好向他解释："您这个病现在只在皮肉之间，针个灸就好了，要是不治，轻则转移到血液……"

齐桓侯打断他："忽悠。"

扁鹊接着说："重则伤及肠胃……"

齐桓侯说："接着忽悠。"

扁鹊继续说："晚期深入骨髓，一个崭新的……"

"闭嘴！"齐桓侯不耐烦地打断了扁鹊，"你这套不好使了，大忽悠！你不就是想挣我点钱吗？你是不是想说我要成植物人啊？你才要成植物人呢？你们全家都是植物人！"登时就把扁鹊给轰走了。

过了五天，扁鹊又来见齐桓侯，说他的病已经转移了，劝他尽早治疗，被齐桓侯又怼了一顿："你不就是想给我找点病，治好了，再到处宣扬你是个神医吗？我偏不给你这机会！"说着又把扁鹊轰走了。

又过了五天，扁鹊又来见齐桓侯……

又有五天过去，齐桓侯掐指一算，又是扁鹊到来的日子了，他早就准备好火力，等他一来便开炮。谁知扁鹊还没进门，远远看了他一眼，转身就跑。齐桓侯见他不按套路出牌，自己先跑了，连忙喊他："你不是说我有病吗？你跑什么呀？"

扁鹊边跑边回头对他说："你的病已经到了晚期，

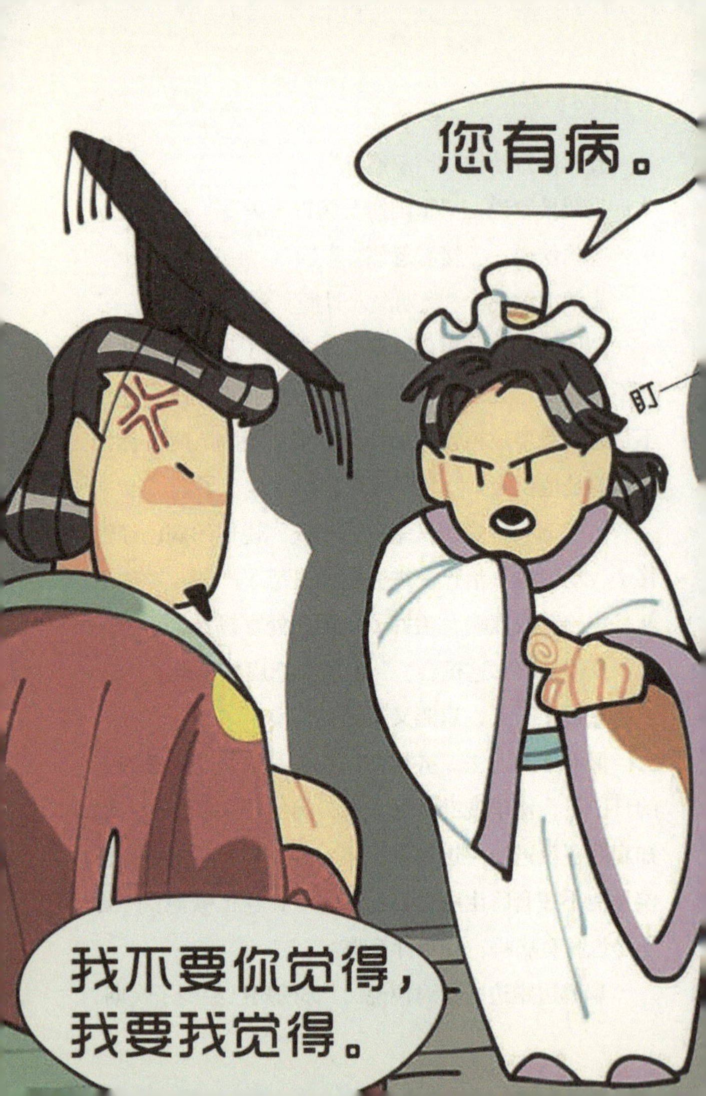
您有病。
盯
我不要你觉得，
我要我觉得。

没救了……"然后哧溜一下跑没影了。

又是五天过去，齐桓侯果然一病不起，派人去找扁鹊，发现他已经不知去向。临死前，齐桓侯懊悔不已，心中万分痛苦，他喃喃自语道："曾经有一个真诚的神医来到我的面前，我没珍惜……如果上天能够给我一次重来的机会，我愿意对他说三个字：给我治！……"渐渐地，他再也发不出声息，只有一滴泪从眼角落下。

（以上出自《史记·扁鹊仓公列传》）

齐桓侯用生命向后人证实了"讳疾忌医"的害处，也说明了防患于未然的重要性。中医提倡未病先防，在疾病发生与发展之前就采取防范措施。而作为中国古代医学的奠基人，扁鹊早在两千多年前就为世人展示了这些朴素的医理，对中医发展做出了卓越贡献，并形成了独具特色的齐派医学。齐派医学是中医的重要源头之一。

一场没有输家的比赛
田忌赛马

从前，齐国有一员大将名叫田忌，他与齐国公子们赛马，以重金为赌注，经常是输多赢少，这让他很不开心。另一边，齐国有一个不幸的人名叫孙膑（bìn），他是"兵圣"孙武的后代，才华过人，却被同学庞涓陷害，双腿残废，前途晦暗。但天无绝人之路，两个郁郁寡欢的人聚在一起。这一天，他们二人说起赛马一事。

田忌说道："孙膑先生，您看我，赛马老是输，是不是我的马不如他们好啊？输钱太多不算，还在大王面前丢尽了脸。您说，我该怎么办才好呢？"

孙膑仔细观察了一番，发现田忌与公子们的马脚力相差不多，就想到一个计策，他对田忌说："下次您只管下大赌注，我一定能让您取胜。"

等到下一次赛马，田忌、齐威王及诸位公子都以一千金作为赌注。孙膑对田忌说："您用您的下等马对他们的上等马，再用您的上等马对他们的中等马，最后您用中等马对他们的下等马。这样下来，输一局，胜两局，您就稳赢啦。"田忌依照孙膑的计策行事，果然三局两胜，赢了齐威王一千金。齐威王很是惊讶，便对田忌说道："实在没想到，你居然能赢了寡人。我猜想，你背后肯定有高人吧？"田忌回答："大王说的没有错，确实高人为我出良策。这个人不是别人，就是孙膑。"

齐威王听闻，连忙召孙膑前来，向他请教兵法，孙膑应答如流。齐威王十分高兴，说："孙膑先生真是难得的人才啊！我现在就需要您这样的人，您和田忌二人一起出征，一定可以打胜仗。"

就这样，齐威王任命田忌为主将，孙膑为军师，

先后获得桂陵之战和马陵之战的胜利。之后，齐威王在徐州与魏惠王互相称王，确立了在诸侯中的霸主地位。

（以上故事出自《史记·孙子吴起列传》）

———●●●———

一场胜算不大的比赛，运用策略，转变思路，就能稳操胜券。田忌赢得了比赛，齐威王赢得了人才，孙膑获得了机会，三人互利共赢、相互成就，堪称佳话。这是孙膑的一次计谋展示，其中蕴涵着古人的智慧，也为博弈论、决策论等现代战略理论提供了参考。

———●●●———

足球运动的初始形态
蹴　鞠

　　齐国都城临淄街市上，驶来一辆声势浩大的马车，车里坐着赵国派来与齐宣王谈合作的代表——苏秦。街市熙熙攘攘，商贩在路边摆摊，夹杂着演奏的艺人、斗鸡走狗的玩家，还有来来往往的行人。苏秦朝车窗外望去，临淄热闹的街市映入他的眼帘，街上的人们频频向他侧目。他早年在齐国师从鬼谷子学艺，想当初自己还是个一文不名的穷书生，如今身挂相印，所到之处无不前呼后拥，齐国也将尽在他的掌握之下。想过去，看今朝，他心潮澎湃。

　　就在此时，一阵锣声响起，人们一窝蜂

似的涌向街角。苏秦也好奇心起，跳下车前去围观。
只见街角的空地已经围满了人，都仰着脖子、踮起脚
争相观看。苏秦奋力挤进围观的人群，看见有个人站
在中间，头戴红巾，短衣窄袖，将一个用皮革做的球
高高举起，人群爆发出一阵欢呼和呐喊声。苏秦知道
这叫"蹴鞠（tàjū）"，在各国宫廷大受欢迎，想不
到在临淄街头如此流行。那人用脚和膝盖颠着鞠球，
动作十分灵巧，反身一踢，球飞上高空，直插云霄，
又笔直落在脚面上，赢得一阵喝彩。

见此情形，苏秦不禁感慨，如今诸侯争雄，烽烟
四起，这里却依然是一片繁荣祥和的景象。如果战火
来袭……想到这里，他的脸上布满了阴云，怏怏地离
开喧闹的人群，回到马车上。

来到王宫，齐宣王见苏秦一脸灰暗，便有些担忧
地问："苏先生从赵国远道而来，怕是对齐国水土有
些不适应，要不传个太医来看看？"

苏秦忙答道："请大王不要在意这些细节！臣此
番来到齐国，看见临淄城盛景，心情无比激动，街上
车水马龙，百姓摩肩接踵，又是弹琴、吹竽、鼓瑟、
击筑，又是斗鸡、赛狗，还玩蹴鞠。如此国强民富，

离不开大王的贤明，天下谁人能及。秦国虽强，又怎能与齐国抗衡？请大王不要被秦国所挟制，更不要向秦国称臣，赵王愿与您联手，形成合纵之势，共图天下安宁！"

齐宣王听了连连点头道："好！苏先生所言甚是。寡人愚钝，愿举国听从您的安排。"就这样，齐国加入了苏秦的六国合纵计划，共同遏制秦国。时代局势纷繁复杂，齐国最终还是被秦国灭亡，蹴鞠运动却流传下来，不断发展、演变，成为中国传统文化中的瑰宝。它是足球运动的最初形态。

（以上故事出自《战国策·齐策一》《史记·苏秦列传》）

———————————●○●———————————

蹴鞠在汉代以后叫作"蹴鞠"，依然十分盛行。它不仅是风靡宫廷和民间的娱乐活动，也曾作为一项重要的军事训练项目。从苏秦的话中，后人发现了关于蹴鞠的最早记载，也窥见一个有着强大的国力、繁荣的经济和丰富娱乐生活的齐国。临淄因此被认定为中国古代蹴鞠的发源地。

———————————●○●———————————

穿了帮的竽

滥竽充数

在恢宏壮丽的齐国宫殿里，吹竽队结束了一天的练习。南郭先生把长长的竽收起来，正准备走出排练厅。只见宫里的一个小内侍慌慌张张跑进来，带着哭腔向众人宣布："大王驾崩了！"

霎时间，大厅里号哭、议论之声乱成一片，南郭先生只觉天上掉下一个惊雷，吓得他瑟瑟发抖，不由得想起自己来吹竽队面试的那个下午。

当年的他意气风发，四处求职，希望找到一份满意的工作。做官不易，经商有风险，种地又太累。正当踌躇之际，听说"乐迷"齐宣王喜欢听人吹竽，而且必须是好多人合奏，所以齐国王室大剧院招聘三百名吹竽手。南郭先生跃跃欲试，认为自己虽然不会吹竽，但在仪表、气质等方面还是十分优秀的。他对吹竽的理论进行了充分的准备，一番精心包装后，来到齐国王宫参加面试。面试过程中，南郭夸夸其谈，评委们被他的仪表和谈吐深深折服，坐在中间的齐宣王看到吹竽的人才如此优秀，尤为高兴。于是，南郭先生正式成为齐国王室大剧院吹竽队的一员。

日复一日，年复一年，南郭先生吃着几百人供养的粮食，养的白白胖胖。每次演奏时，他都十分投入，双手握着竽，指尖按着音孔灵巧地转换，好像自己真的会吹一样。按错了也没关系，反正吹不出声，不会有人听出来。再说大王喜欢听合奏，不存在单独吹的机会。就这样，南郭先生在吹竽队一直都平安无事。直到现在，齐宣王驾崩的消息传来，他才真正产生了一种不祥的预感，自己的好日子快到头了。

没过几天，齐湣王即位。吹竽队人人都在传言，

说新王脾气暴躁，爱较真，动不动就打打杀杀，很不好惹。有人又说新王不喜欢合奏，据说他以前坐在先王身边听竽的时候就一脸厌烦，因为他喜欢独奏。

独奏？就是一个人单独吹咯？万一穿了帮，那不就是欺君吗？南郭先生不敢再往下想，只是惊恐地盯着放在一边的竽，仿佛这不是自己的吃饭家伙，而是个定时炸弹。

不久，齐国王室大剧院办公室发布通知，根据大王指示，以后吹竽表演均为独奏，后附排班表。通知贴在排练厅门口，大家争相查看自己被排到第几场。唯独不见南郭先生，原来他早就打好铺盖卷，逃之夭夭了。

（以上故事出自《韩非子·内储说上》）

滥竽充数是指没有真才实学的人混在行家队伍里充数。当今社会若要避免这种以次充好的现象，就应在人才评价体系中建立正确的路径、有效的方法以及科学的评价体系，让拥有真才实学的人脱颖而出，使滥竽充数者无机可乘。

思想的殿堂 稷下学宫

　　女士们，先生们，欢迎光临稷下学宫！这里是有志者的圣地，这里是思想者的舞台。在齐桓公（这里指田齐桓公田午）、齐威王、齐宣王、齐湣王等几代君主们的支持下，四海八荒怀揣梦想的才子齐聚一堂。经过一场场激烈的学术切磋、思想交锋，他们之中一代代最优秀的人才不断走向成功，组成最高思想的殿堂——稷下学宫。让我们用热烈的掌声，有请稷下之子闪亮登场！

　　首先出场的是搞笑担当淳于髡（kūn），他用实力证明了"浓缩就是精华"的真理。

虽然他个不高，还做了上门女婿，却凭借机智、幽默和口才成功辅佐了齐国君主。只有他，才敢在给齐威王提意见时把帽带笑断；也只有他，讲一个大鸟的故事就能让颓废的齐威王瞬间爱上工作。总之，他用行动告诉我们，爱笑的男孩，业绩不会差！

接下来出场的是人气担当驺（zōu）衍。他是中国阴阳五行的创始人、"大九州"学说的首倡者，身上透出一股神秘的气息。他爱好谈天说地，人送外号"谈天衍"。他将天下分为九州，擅长观天象，推演金、木、水、火、土的周而复始。

正在走来的是最佳辩手鲁仲连。他十二岁就能让著名辩手田巴哑火，再也不敢与人辩论；写一纸书信就能逼燕军守将自杀，帮助齐国收复聊城；凭一己之力就能说服魏、赵两国不向秦国俯首称臣，吓得秦军火力后退五十里。仲连到处，所向披靡，堪称"辩手中的战斗机"！

下面有请"黄老五子"——田骈、接予、慎到、环渊、尹文。他们继承了黄帝、老子"无为"的智慧，将其运用在治国之中，为老板们提供了一套行之有

效的工作方案。总之，黄老思想顺应天道，富有博大的奥义，也拥有强大的后援团，他们粉丝遍及各个领域。

让我们把最热烈的掌声、呐喊声留给两位"最终首席"——孟子、荀子！他们是儒家思想的重要传承人。孟子继承了孔子关于"仁"的主张，曾向齐宣王阐释"仁政"和"王道"的治国理念，提出过"民贵君轻"的惊人主张，是仅次于孔子、闻名世界的顶级思想大咖。荀子则发展了孔子学说中"礼"的部分，其"礼法并用"的主张影响深远。他不仅是稷下学宫三轮首席得主，还是先秦儒家思想的集大成者。他们是思想界的两座高峰，他们为稷下学宫带来了强大的影响力。相信在他们的带领下稷下学宫的思想能够流芳千古，走向世界，迈向更高的辉煌！

（以上故事出自《史记·孟子荀卿列传》《史记·鲁仲连邹阳列传》《史记·滑稽列传》等）

———◆◆◆———

稷下学宫的建立在中国文化史上具有划时代的意义。它不仅见证了战国时代学术思想百家争鸣的盛况，更是一个教育人才、参政议政、传播文化的平台。政权更迭，稷下学宫早已不复存在；但稷下精神与学术延续下来，从齐国一隅走向中国传统思想体系。

女性篇

孟姜女哭长城

杞梁妻

　　很久以前,有一名女子在齐长城关隘下,抱着丈夫的尸体曼声哀哭,把长城哭塌了。

　　相传这名女子叫孟姜,但也有人叫她杞梁妻。因为她的丈夫叫杞梁,是齐庄公的先锋大将。杞梁妻原本在关隘处开开心心地迎接丈夫凯旋。没想到,迎接回来的竟然是丈夫的尸体!周围的人告诉杞梁妻,杞梁是在齐国突袭莒国的战争中壮烈牺牲的,希望她能够节哀顺变,努力过好以后的生活。但是,难以忍受心中悲痛的杞梁妻竟不管不顾地在齐长城下抱尸哭夫整整十日。

后来，杞梁妻终于止住了泪水，让杞梁入土为安。待她处理完丧事后，拖着疲惫的身子回了家，缓缓地推开屋门。等待她的只有黑灯瞎火的孤独和夜深露重的寒冷。她在家中呆站了一会儿，转身离开，在淄水河畔投河自尽。

有人说这个故事是凭借想象编造出来的，也有人相信确有其事。据史书记载，杞梁的妻子确有其人，不过她没有哭夫。因为当时齐庄公打算在郊外吊唁逝去之人，杞梁妻婉言谢绝，并认为在郊外受吊于礼不合，既缺乏诚意，又对烈士不尊重。于是，齐庄公亲自到杞梁的家中去吊唁，并将其葬于齐都郊外。

历史的过往就像黄河堆积起的泥沙一样，厚重又漫长。杞梁和他的妻子亦被淹没其中。所以当人们提起哭夫崩城的故事时，就不由自主地想起孟姜女哭长城的故事，却不知孟姜女的人物原型就是杞梁妻。

（以上故事出自刘向《列女传·贞顺传·齐杞梁妻》、《左传·襄公二十三年》）

●——●●●——●

无论是杞梁妻哭夫，还是孟姜女哭长城，这些哭

夫女子们的悲剧，皆由艰难的世道和残酷的战争造成。此后，孟姜女们一次又一次地登上历史的舞台，把长城哭塌了无数次。她们不仅哭出了人们对真挚情感的向往，还哭出了人们对美好生活的期盼。

我要和你离婚

齐御者妻

　　为晏婴驾车的车夫每天趾高气扬地驾着车，然而晏婴待人接物却十分地谦虚谨慎。车夫之妻见丈夫如此行事，十分担心，怕因此招致灾祸而忧心忡忡。

　　一日，车夫回家后，妻子一脸严肃地跟他说："我要跟你谈谈！"车夫一脸疑惑，问："你要谈啥？"车夫之妻说："我不想跟一个徒有其表的人继续生活下去。晏婴虽然身高不过三尺，却是齐相，在诸侯间更是声名赫赫。即便如此，他依然待人谦恭和顺，思虑深远。你再看看你，不过是晏婴的车夫，却整日得意扬扬。所以，我要跟你离婚！"

车夫听闻此言，赶紧说道："别啊，你看我这么爱你，你给我一次改过自新的机会吧！"

车夫之妻说："那你能不能改过自新呢？能不能谦和待人，并以仁义之道行事？"车夫听到妻子这么说，他羞愧地对妻子说："遇见你这样的贤妻，我这辈子再无遗憾！日后，我一定以仁义为本，以谦卑为怀，痛改前非！"

自此之后，车夫不但讲仁义，而且谦逊待人，虽然仍为晏婴驾车，却已非昔比。晏婴看到车夫的变化，感到奇怪，于是询问原因，车夫以实相告。晏婴听了，赞赏道："你的妻子能匡正你的缺点，是一位难得的贤妇人；而你能认识到自己的缺点，并力行改正，也不是一般之人。"于是，晏婴将车夫推荐给了齐景公。齐景公授车夫大夫之职，并赐其妻为命妇。

（以上故事出自刘向《列女传·贤明传·齐相御妻》）

———————●◆●———————

家庭的和睦幸福需要两个人相互扶持、用心沟通、

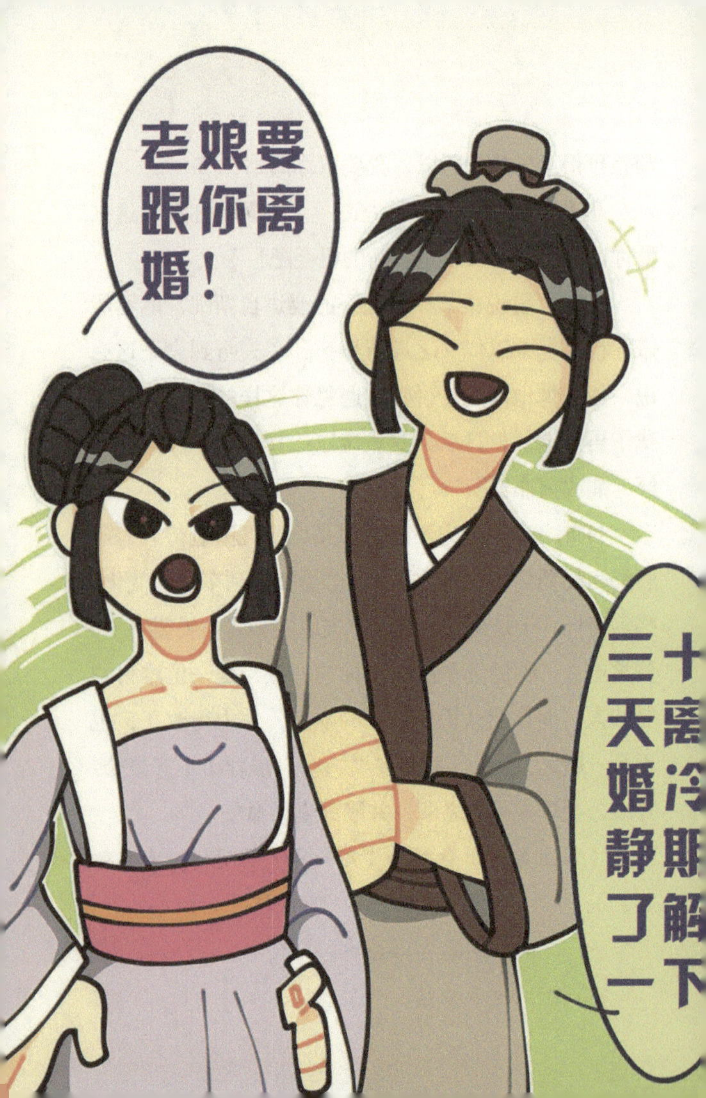
老娘要跟你离婚！
三十天离婚冷静期了解一下

努力经营。同时，若想成就一番事业，就要虚怀若谷、从谏如流。只有广泛地听取别人的意见和建议，才能够防止乖谬产生，并纠正已经出现的失误，踏上属于自己的康庄大道。

"丑女无敌" 钟离春

　　齐国的历史上有个奇女子,名叫钟离春。相传,她是齐国无盐邑的女子,所以又被称为无盐君、无盐娘娘。后来,"无盐"二字被讹传为"无艳"。所以,民间流传着许多关于钟无艳的传说。

　　这个故事还要从钟离春不走寻常路地混进齐王宫,见到齐宣王说起。话说,当时负责守卫齐王宫的士兵们,都怀疑这女的是来偷东西的。因为钟离春是一个年近四十的女"单身狗",还长得特别丑。她的额头超级宽,猪鼻子、弓腰、鸡胸,还有喉结。这些也就算了，重点是她还秃头！

此时，她站在大殿中，眼睛向上看，紧紧地咬着牙齿，把手举得高高地，然后拍打着自己的膝盖，说道："危险了！危险了！危险了！危险了！重要的事情说四遍！"

齐宣王见她如此奇怪，一头雾水，就问道："大姐，您什么意思？"

钟离春停下来，对齐宣王说："现在秦国已成为齐国最大的竞争对手，南边还有一个虎视眈眈、国力强大的楚国。然而，作为一国之主，您只会按照自己的喜好行事，并把心思都放在那些莺莺燕燕的身上，对军国大事视若无睹。上行下效，大臣也只知阿谀奉承、见风使舵，从不考虑民众，整个国家都在"四大危险"的边缘来回试探。"

齐宣王问："哪'四大危险'？"

钟离春回答说："首先是王储的问题。您现在觉得自己春秋鼎盛，没有册立王储的必要。万一哪天齐国出现大规模自然灾害，或是你猝死，那么齐国的江山社稷要依靠何人？这是齐国的第一大危险！齐王宫以及您的各处行宫都十分精致、华美，然而这些美丽皆是用百姓的膏血铸就的。您为了自己的物质欲望，让民众苦不堪言。这是齐国的第二大危险！现在齐国的政局完全由奸邪虚伪之人把控，政治生态令官吏们苦不堪言，致使贤能的人都隐居于山林之中，这是齐国的第三大危险！您沉迷于酒色，以至于外交关系一塌糊涂，治国更是走样，这是齐国的第四大危险！"

钟离春的一席话让齐宣王幡然醒悟道："您的话真是透彻啊，一下子就戳到了我的痛处。"

此后，齐宣王洗心革面，重新做人！他拆掉了渐台；罢斥了女乐；斥退了谄谀之徒；去掉了雕饰；精减了兵马；充实了府库；打开了王宫的大门，广开言路；选择吉日，册立王储；并册封钟离春为齐国的王后。此后，齐国大治，民众安康。

（以上故事出自刘向《列女传·辩通传·齐钟离春》）

————●◆●————

孔子云："以貌取人，失之子羽。"钟离春虽然

其貌不扬，甚至十分丑陋，但并不意味着她内心也是丑陋的。所以，我们不能把他人的外貌与其人格品质等同起来。钟离春因自己远大的志向、敏锐的政治眼光，实现自己的人生价值。

意外的爱情

宿瘤女

一日，齐湣（mǐn）王出游，浩荡的队伍引来全城人的围观。齐湣王心中甚是得意，忽然发现路边有一名脖子上长了个瘤子的女子正全神贯注地采摘桑叶，好像根本没有看到他盛大的车队。齐湣王被一个采桑女无视了，他感到有趣。毕竟他穿着齐国最华贵的服饰，驱使着十位数起步的豪华座驾，住着齐都城中面积最大的别墅，最重要的是他还长着一张帅气的脸，可这名采桑女竟然连看都不看他一眼。

在好奇心驱使下，齐湣王命手下把采桑

女叫到了跟前问话。齐湣王问道："寡人出游，众人围观，你为什么连看都不看一眼？"采桑女说："父母命我来采桑叶，并没有吩咐我去围观大王出游的车队。"齐湣王跟采桑女说："你虽然是个奇女子，可惜脖子上长了个瘤子。"受到人身攻击的采桑女反唇相讥："脖子上长了个瘤子，对采桑的工作有什么影响？"齐湣王第一次遇到敢于顶撞他的女子，他觉得这名女子很有趣。于是，他对采桑女说："你随我入宫吧。"采桑女不卑不亢地回答道："谢谢大王的垂爱。但既无父母之命，又无媒妁之言，如此行事不合礼法，想必大王也不会喜欢这样的女子吧。"齐湣王并没有放弃把采桑女带回宫的想法，于是派使者带了一百镒（yì）金子去行聘。

采桑女的父母见到齐王的使者后，既高兴又害怕，但还是答应了齐王的请求。出门前，采桑女的父母想让女儿换上漂亮的衣服，可采桑女却说："不必换衣服了，或许大王就是喜欢艰苦朴素的风格呢？我保持本色就好。"采桑女就这样入宫了。

在宫中，采桑女见到了齐湣王后宫里的众位夫人。

夫人们的盛装打扮与采桑女的衣着寒酸，对比鲜明。众位夫人还非常傲慢地嘲笑她，称她为"宿瘤女"，场面一度陷入了尴尬中。为了缓和气氛，齐湣王开口说道："你们不要嘲笑她，她不过是没有打扮罢了。装扮好了，要比现在好看十倍、百倍。"见如此情形，采桑女十分不开心，她缓缓说道："装扮与不装扮，这之间的差距何止十倍、百倍？应当是千万倍不止。"

湣王双眸一闪，问道："为什么这么说？"

采桑女说："性相近，习相远。尧、舜、桀、纣，都贵为天子，却相差了千万倍不止。虽说天子受天下万民供养，但天下财富实为万民所有。尧、舜用仁义装扮自己，注重节俭。千年以来，天下的人都称赞尧、舜的德行。桀、纣用豪华的宫殿、无数的珍宝和严苛的法令来装扮自己，穷奢极欲，以至于身死国破，天下人至今还厌恶他。由此看来，装扮与不装扮的差别何止千万倍。"

齐湣王的夫人们，听了这番话，都感到十分羞愧。而齐湣王看着眼前的这名女子，摸了摸下巴，心想："这个女人真是特别。她不会是上天派来帮助自己协理朝政的吧？"于是，他便册立这名采桑女为王后，并发布政令，要求降低宫室规格，填平池泽，缩减后宫的各项开支。这样过了没几年，齐国就越来越富强了，周围的诸侯也纷纷前来朝见。

（以上故事出自刘向《列女传·辩通传·齐宿瘤女》）

———●———

以上不难看出，采桑女是一位贤良的女子。她不因自己的身体缺陷而自卑，行事低调务实；看待问题由表及里，通过"饰与不饰"比喻，让齐湣王认识严以修身、严以律己工作作风的重要性。齐国经过内部整顿后，国力大增。这些成绩的取得都与采桑女息息相关。

———●———

大龄剩女脱单记

孤逐女

在齐国即墨有一个姑娘，被人称作孤逐女。这名姑娘无父无母、无依无靠，又被乡里多次驱逐，很苦命，但是很有才华。然而，天下之大却无孤逐女容身之处。无奈之际，她踏上了前往齐都临淄的旅途。毕竟只有国际化的大城市，才能包容得下她。

孤逐女心系天下，想要匡君辅国，于是她向前辈钟离春学习，以真知灼见求见齐王。果不其然，受到了齐襄王的召见。两人交流了三天，谈得很投机。

孤逐女见到齐襄王后，就国家治理与发

展等问题进行了一系列的交流。孤逐女认为，国相这一职位十分重要，并把国相比作支撑房屋的柱子。她说："支撑国家繁荣发展的是国相，国相不作为，国家就不会安定。"齐襄王兴致勃勃地继续问道："你觉得国相大人像什么？"孤逐女机智地回答："国相大人应当像比目鱼一般，既能够顾及大局，又能够关照内务。所以，国相身边人的作用，就显得很重要了。"齐襄王表示，有点意思。为了能够详细听听孤逐女独到的见解，齐襄王又问道："你认为，齐国的国相如何？"孤逐女诚恳地说道："现在的国相大人虽为中才，但已实属难得。如果有才能超过他的人，可以考虑换一下。不过，我听说君主选人用才，大都采用抛砖引玉之法。例如，楚庄王重用虞邱子，然后得到了孙叔敖；燕王先重用郭隗（wěi），然后得到了乐毅。大王若能重用国相大人来激励天下大才，则天下英才尽归大王。"

齐襄王认为孤逐女说得很有道理，于是下令，让孤逐女做国相夫人，来帮助国相处理国家事务。从此，孤逐女改变了自己的命运。

（以上故事出自刘向《列女传·辩通传·齐孤逐
女》）

———————◆●◆———————

孤逐女虽然先天不足——年幼便无父母，但是她
凭借自己坚持不懈的努力，不断地丰富自身的思想与
见识，最终改变了的命运。

———————◆●◆———————

齐国也有芈月
君王后

电视剧《芈月传》里的芈月，即历史上的秦宣太后芈八子，一个以太后身份统治秦国将近四十年的女人。齐国的君王后执掌了齐国政权四十余年，有人认为君王后是齐国的芈月。

但是，君王后并不认为自己是齐国的芈月，因为她丈夫不是"东出函谷、西平巴蜀"的秦惠文王。她丈夫齐襄王，只是一个平平无奇的君王。

那年五国伐齐，济水之西一战，齐国大败。乐毅率领五国联军攻破齐都临淄。齐湣王逃至莒（jǔ）城，后来又被楚将淖（nào）齿所杀。湣王之子田法章，为了能保住性命，改名换姓跑到太史敫（jiǎo）家当家佣。当田法章出现在太史敫家中后，太史敫的女儿（后来的君王后）就注意到了他，并发觉此人气度的不凡之处——虽然清洗打扫的工作样样不行，只能当个浇花匠，但审美水平很高。那时还是闺中少女的君王后，常常给田法章送些衣食用具。一来二去，两人熟识起来，并私定终身。后来，淖齿被杀，田法章被齐大臣和莒人拥立为新齐王，即齐襄王。太史敫的女儿也被册封为王后。

有些人说，君王后是齐国的芈月，但她不这么认为，因为她从未在朝堂上当着外国使臣的面讲"妾事先王"之类的话，她顶多就是砸了秦国送来的玉连环。

有一次，秦国欲羞辱齐国，命使者送来玉连环，问齐国可有人能解开此环。这玉连环是通过掏雕技术从一整块玉上制作而成的，不存在什么榫卯结构或暗扣。所以群臣见后，或束手无策，或不愿为之冒险。这时只见君王后挺身而出，当着秦使的面，用锤子击

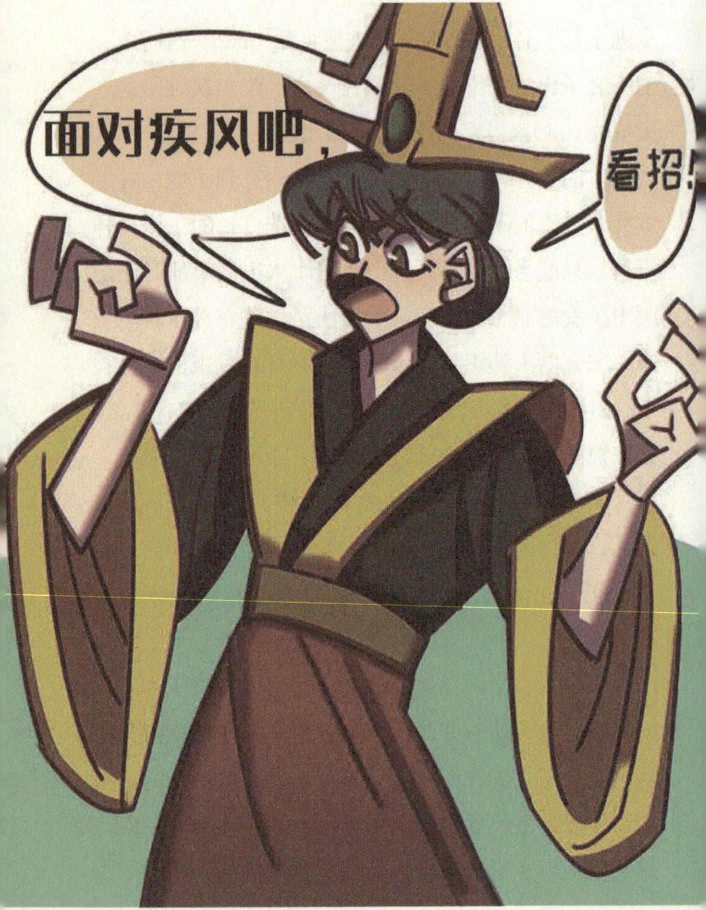
面对疾风吧，
看招！

碎了玉连环。秦国使者见所赠礼物碎了，勃然大怒，认为这是对秦国的挑衅。君王后则不紧不慢地说道："秦使勿恼，不是秦王请我解玉连环的吗？你看，我这不是解开了！"秦使无可奈何地离去，齐国的尊严也得以保全。

有些人说，君王后是齐国的芈月，但她不这么认为。因为她没有像秦宣太后一般，使得全国上下只知太后和四贵而不知有王，而是尽心尽力地辅佐了齐国两代君王。

比如，君王后在处理与秦国的外交关系上，一直奉行"谨慎、谦让、不发生冲突"的政策，这是基于齐国现状而做出的无可奈何的决定。又比如，君王后病重弥留之际，还对齐国的前途命运忧心忡忡，并告诫其子齐王建朝中何人可用。

（以上故事出自《史记·田敬仲完世家》《战国策·齐策六》等）

━━━━━━●●●━━━━━━

纵观君王后的一生，不难发现，她确有识人的眼光、超乎常人的胆识和折冲千里的智慧。虽然在她主政期间未能结得累累硕果，但在夹缝之中为齐国谋取了一个和平安稳的环境已实属不易，为我们留下了一段杰出女性政治家的故事。

博山孝妇美名传

颜文姜

颜文姜，一个平凡的齐地劳动妇女。这个故事的开头，与她平凡的身份一样，平平无奇。经父母之命、媒妁之言后，颜文姜嫁到了郭家。可惜好景不长，丈夫早逝。婆婆怕连累颜文姜，想让她改嫁。没承想，遭到了颜文姜的拒绝。

颜文姜服侍婆婆，十分勤谨。她发现，婆婆每次吃饭的时候都面带愁容。颜文姜询问缘由，婆婆说："咱做饭用的水有一股土腥子味，所以做出来的饭也有一股子土腥味，我不爱吃。"于是，颜文姜便在空闲的时候寻找水源，终于在五里之外找到一眼甘甜的泉水。此后，颜文姜每日都去五里之外挑水，供婆婆食用。

风吹日晒，暴风雨雪，都挡不住她去挑水的步伐。颜文姜十几年如一日地为婆婆挑水，从未有过缺水之日。

一天，颜文姜去挑水。回来的时候，颜文姜看到一个人，那人牵马而来。马见到水想要喝水，却不小心把水桶弄翻了。看到今天打的水全都洒了，颜文姜哭了起来。牵马的人关切地说："此地并非缺水之地，水洒了再去取不就行了，为何哭泣？"颜文姜说："我要跑到五里之外的那口泉眼处打水，现在马上就要到吃午饭的时候了，家里着急用这两桶水。再去打水，恐怕来不及了！"牵马的人又追问这两桶水的用途。颜文姜说："如果不是那里的水，我婆婆不喝。"牵马的人好奇地问道："你每日都去五里之外挑水？"颜文姜回答说："可不是，每天都得去。要是碰上刮风下雨，就只能出钱雇人代为打水，算算得有十来年了吧。"牵马的人说："你莫要哭，我有一个办法能让水回到桶中。"

只见牵马的人拿马鞭在湿地上画了一道符，湿地便立即干了，水回到了桶中。牵马的人又将马鞭送给了颜文姜，并跟她说："你回家后将水倒入巨瓮（wèng）中，再把马鞭竖立其中。水浅时，就把马鞭向上提，水位则随马鞭而涨。但万万不能将马鞭放到瓮外。如此，便可免去你今后挑水之苦。"语毕，人和马就消失不见了。原来这位牵马的人是在凡间闲逛的太白金星。

颜文姜回家后，按照仙人的指引，将水倒入巨瓮中，又把马鞭竖立其中，瓮中果然涌出了甘甜可口的泉水。邻居们听闻此事后，也常来瓮中取水。其水任人取用，未曾减少。

后来，婆婆年老去世，颜文姜为她安排殡葬之事。婆婆去世的第七天，颜文姜去墓前祭拜。回来的路上，听见村中有人哭嚎，颜文姜赶紧回家查看情况。原来有刚嫁到村中的新妇，不知禁忌，将马鞭扔到了瓮外，导致瓮中之水暴涌，马鞭变成了一条巨龙盘旋于瓮外，村子也被大水所淹，水没半腰。村中之人哀号，唯独颜文姜可以在水面上行走，如履平地。颜文姜走至瓮

边，盘旋于瓮外的龙便消失了；颜文姜坐到瓮上，水便不暴涌了，反而如泉眼一般汩汩流淌，并形成了一条河。就这样，颜文姜在瓮上坐化。后来村里人集资，在颜文姜坐化之地建了庙，并将那条河命名为孝妇河来纪念她。

（以上故事根据解鉴《益智录·水母三娘》、范一儒《明万历四十二年重修记》）

————●●●————

颜文姜的事迹被民众传颂着，其中所体现的孝文化，也为历代官方推崇。它记录了淄博博山地区民间风俗和价值取向——尊崇孝道，弘扬孝道。可见，无论从哪一方面来看，颜文姜都是当之无愧的博山孝妇。

————●●●————

后 记

对传统文化要"坚持古为今用"是习近平总书记有关重要讲话所表达的极其重要的思想。《管子》云："不慕古，不留今，与时变，与俗化。"齐文化是我国传统文化宝库中的一块瑰宝。为更好地宣传和普及齐文化，挖掘其当代价值，助力齐文化产业转化，齐文化研究院编辑出版了齐文化宣传读本《古为今用齐国说》。

《古为今用齐国说》是在齐文化普及宣传方式上的一项创新性尝试，定位为面向社会大众的、具有较高品位的齐文化普及性读物。在尊重史实的基础上，结合当下国内外焦点问题，通过网络语言、漫画插图等形式对齐国的政治、经济、文化、战争等几十个故事进行现代化解读，内容通俗易懂。根据读者的喜好，我们将把这一风格持续下去，打造"古为今用齐国说"系列丛书，以加快齐文化的传播推广。

本书在编辑过程中面临时间紧、任务重、人员少等种种困难，编委会多次召开专题论证会，得到了来自淄博市委宣传部、淄博市社会科学联合会、淄博职业学院、王渔阳文化中心、淄博晚报社等单位相关领导和专家的大力支持，为本书的编纂提出了宝贵意见，在此致以由衷的感谢。

由于时间仓促和编者水平所限，本书还存在着一些问题和不足，敬请读者、专家批评指正。

编者

2020 年 9 月